50부터 절대 잃지 않는 돈 굴리기

50의 서재 · 5

은퇴 후 30년은
50부터 돈 굴리기로 결정된다

50부터
절대 잃지 않는
돈 굴리기

신동훈 지음

센시오

50부터 기억해야 할 투자 원칙!
원금은 절대 잃지 말고
안정적으로 꾸준히 돈을 굴려라

20년 동안 직접 체험하고 연구하여 알아낸, 50대의 투자법

50대, 돈을 모으기 이미 늦은 나이일까? 분명히 말하지만 결코 늦지 않았다.

세계적인 부호 워런 버핏도 50대에 현재 재산의 불과 1%만을 모았다는 사실은 이미 유명하다. 이제 막 '50' 줄에 들어선 당신의 자산이 1억 원이라면, 마음만 제대로 먹는다면 앞으로 100억 원을 모을 수 있는 시간이 충분하다는 얘기다.

50대가 되면 적지 않은 돈을 월급으로 받는 만큼 지출 규모도

달라진다. 따라서 50대의 돈 모으기는 새로운 철학으로 접근해야
한다. 한 번 크게 잃으면 젊은 시절보다 타격이 크기 때문에 '하이
리스크, 하이 리턴' 투자 방식보다는 안전한 투자가 필요하다.

필자는 6년 전《50대 재테크에 다시 한 번 미쳐라》라는 책을 쓰
면서 50대의 재테크 실제 사례와 방법을 상세히 들려준 바 있다.
세월이 흘러 트렌드도 다양해지고, 코로나19의 긴 터널을 지나
며 세상이 너무 많이 변하다 보니 50대가 할 수 있는 투자의 종류
와 방향도 더욱 다양해졌다. 하지만 기본 룰은 변하지 않았다.

첫째, 원금을 까먹지 않을 것.
둘째, 안정적인 수익을 보장할 것.

이는 삼성증권 영업부와 동부증권 포춘클럽, SC제일은행 PB
센터를 거쳐 현재 메리츠증권 광화문금융센터에서 PB로 근무하
고 있는 필자가 고객 대부분을 차지하는 중년층 이상 분들의 자
산을 20년 이상 관리해 오면서 제일 중요하게 생각했던 부분이
자, 고객들이 가장 많이 당부했던 사항이기도 하다.

이러한 투자 원칙은 무엇보다 50대를 바라보는, 그리고 50대
로 살고 있는 이들에게 우선적으로 적용되어야 할 원칙이다. 나
역시 이 원칙을 잘 지키면서 다양한 고객들의 신뢰를 얻었고, 어
떤 상품들이 이러한 원칙에 잘 맞는지 집요하게 찾고 또 찾고, 또

다른 전문가에게 묻고, 직접 가입하고 경험해 보면서 최고의 상품을 골라내는 눈을 갖게 되었다.

이 책에서는 원금을 무조건 지키고 수익은 안정적으로 꾸준히 내는 50대를 위한 투자 원칙을 담았다. 나가는 돈은 줄이고 안전한 투자로 종잣돈 모으는 방법부터 3층 연금 쌓기까지, 지금부터 시작해도 절대 늦지 않은 50대를 위한 3단계 돈 굴리기 비법을 제안할 것이다.

연말정산, 주식, 연금, 부동산 펀드, 보험 리모델링, 세금우대 예금, 소액 부동산 투자 등 이 책에서 언급한 상품들은 대형 증권사 및 은행에서 오랜 기간 다양한 고객들의 자산을 관리해 온 필자가 20년 이상 피땀 흘려 찾아낸 노력의 결실이다. 이 상품들은 잠깐 화려하게 타 올랐다가 사라지는 불꽃이 아니라, 밤새도록 뭉근하게 우리 곁을 데워 줄 모닥불 같은 선물이다.

은퇴 후 30년은 50부터 돈 굴리기로 결정된다

30년 전만 해도 개발도상국이었던 우리나라는 일이 넘쳐 났고, 오래 일할 사람에 대한 수요가 끊이질 않았다. 은퇴 후 노년을 즐긴다는 개념 자체가 보통 사람들에게는 먼 나라 이야기였다. 그러나 지금은 어떤가? 회사에서 승승장구하던 사람도 50줄이 되면 은근한 압박에 퇴사를 고려해야 하는 상황이다. 게다가 수명은 얼마나 길어졌나? 90을 넘어 100세까지 너끈히 살 수 있다고 하니 인생 50은 딱 중간인 셈이다. 의료 기술의 발달과 '워라밸'에 충실한 사회 분위기 덕에 30년 전에 비해 평균적인 신체 나이와 건강 상태가 매우 양호해진 우리는 이제 기나긴 미래가 재앙이 되지 않도록 지금부터 단단히 준비해야 한다.

바야흐로 정보와 투자 홍수 시대다. 예전에는 서적이나 투자 강연 등을 통해야만 얻을 수 있던 정보들이 지금은 손 안에 스마트폰으로 너무 쉽게 얻어진다. 너무 많은 정보와 투자 대상들이 유혹하다 보니 오히려 뭘 해야 할지 헷갈리고 더 어려워진다.

예전만 해도 투자할 대상이 그리 많진 않았다. 기껏해야 예금과 부동산, 허리띠 졸라매고 열심히 돈을 모아서 은행에 저금하면 은행은 그 돈을 굴려 이자로 갚아 주고, 이것이 모여 목돈이 되면 살 집을 마련하고 돈이 좀 더 모이면 은행 대출을 받아서 더 번듯한 집, 즉 아파트를 샀다. 그리고 나면 아파트 평수를 늘려 이사를 가거나, 또 다시 허리띠를 졸라매어 여유가 되면 여분의 집을 한 채 더 장만하는 게 투자였다.

그런데 요즘은 어떤가? 피땀 흘려 번 돈을 은행에 넣어 봐야 이자는 쥐꼬리, 너무 낮은 금리 탓에 사람들은 돈 될 만한 것들을 찾아 인터넷을 죄다 뒤지고 이리저리 정보를 끌어 모은다. 그러면서 아파트 가격이 오르고, 주식이, 비트코인이, 게다가 물가까지 널을 뛴다. 유독 안 오르는 건 내 월급 뿐. 주위에서는 투자를 해서 큰돈을 벌었다는 얘기가 심심찮게 들려오니 '다들 하는데, 나도 한번 해 보자!' 하다가도 그나마 지금껏 힘들게 모아 놓은 돈마저 다 털릴까 쉽사리 결정을 하지 못한다.

이런 사회 분위기에 속에서 퇴직을 눈앞에 두고 수중에 여윳돈은 없어 한숨과 걱정만 늘어가는 대한민국 50대. 하지만 나는 지금이 바로 노후를 대비할 적기라고 말하고 싶다. 50대의 투자는 무엇이 달라야 하는가? 무엇을 어떻게 준비하고, 또 무엇을 조심해야 할지를 이 책을 통해 이야기하려 한다. 다시 강조하지만, 은퇴 이후 30년을 어떤 모습으로 살아가게 될지는 50대의 투자에 달려 있다.

지금껏 열심히 달려 온 우리에게는 주위를 돌아볼 여유도 생겼지만, 이제부터는 오롯이 나만의 은퇴 후 모습을 플래닝하는 또 다른 출발선에 서 있다. 다시 스타트라인에서 나의 준비 자세는 어떤지, 신발 끈은 잘 매어져 있는지, 충분히 건강한지 등을 잘 체크했다면, 이제 이 책은 당신이 누구보다 여유롭고 행복한 미래를 준비할 수 있도록 최상의 은퇴 자산 가이드가 되어 줄 것이다.

풍요로운 '50'을 기대하는 우리가 꼭 명심해야 할 명언을 다시 한번 곱씹어 본다. 바로 세계 최고의 투자 전문가 워런 버핏의 명언이다. 첫째, 절대로 돈을 잃지 말자, 둘째, 첫 번째 룰을 절대 잊지 말자!

2022년 신동훈

Chapter·1

새 나가는 것을 막고
가진 것은 지키는 것부터

Chapter 2

50부터 잃지 않고 돈 굴리는 투자 상품 총정리

Chapter·3

은퇴 후를 지켜주는
보호막, 3층 연금 쌓기

새 나가는 것을 막고
가진 것은
지키는 것부터

·1·
워런 버핏이
50세 이후에 얻은 것

나이를 먹는 일은 참 고단한 일이면서 또 한편 쉬운 일이기도 하
다. 아무리 오래 살아도 늘 이런저런 새로운 고난을 겪게 되는데
나이만큼은 거저먹을 수 있기 때문이다. 그러나 나이 먹는 게 쉽
다고 살면서 겪게 되는 이런저런 문제를 건너뛸 수는 없는 노릇
이니 어떻게 보면 삶이란 끝까지 숙제일 수밖에 없다.

　바로 그 숙제가 가장 무겁게 다가올 때가 50세 무렵이 아닐까.
집안의 대소사, 자녀 문제 등으로 나가는 돈도 많고, 노후를 위한
자금도 마련해 두어야 할 때이기 때문이다. 그렇다고 사회 생활
하면서 무작정 돈을 안 쓸 수만도 없는 노릇이니 골치를 썩을 수

밖에. 어쩌면 '50'이라는 나이는 큰 재산을 모으기에 이미 늦었다고 생각하는 사람들도 있을 것이다. 과연 그럴까?

언론에서 또는 주변에서 '100세 시대'라고 아무리 떠들어도 와닿지 않을 때가 많다. 과거에는 군대만 가도 '아저씨' 소리를 들었고, 여성은 20대에 결혼하고 아이를 낳으면 '아주머니' 소리를 들었다. 그리고 50대가 되면 할아버지 소리를 들었다. 1970년만 해도 한국인의 평균수명은 61.9세에 불과했다. 그런데 지금은 어떤가. 취업 시장 불황의 여파로 청년들의 첫 취업 시기가 20대 후반에서 30대 초반이 될 정도로 늦어졌다. 취업 시기가 늦어진 만큼 결혼도, 출산도 늦어진다. 그래서 지금 50대는 할아버지 소리를 들으며 손주 재롱이나 봐주기는커녕 현업에서 땀 흘려 일해야 한다. 그래야 조금이라도 더 오래 자녀를 뒷바라지하고, 노후를 대비할 수 있다.

시대에 맞춰 새로운 나이 계산법도 등장했는데 실제 나이에 0.8을 곱하는 방식이다. 현재의 85세 이상 인구 비중이 50여 년 전 85세에 0.8을 곱한 68세 이상 인구 비중과 비슷한 것에 착안해 만들어진 계산법이다. 즉, 현재 자신의 나이에 0.8을 곱한 나이가 50여 년 전에 인식하던 나이와 같다고 보는 것이다. 이 계산법에 따르면 지금의 50살은 과거였다면 마흔에 불과한 나이다. 마흔이면 당장 무엇을 시작해도 늦지 않은 나이, 노후를 대비하기에는 더없이 충분한 나이가 아닌가.

군이 이런 계산법을 들지 않더라도, 50세가 결코 늦지 않은 나이임을 알려 준 사람이 있다. 바로 그 유명한 워런 버핏이다. 그가 재산을 불려 가는 과정을 함께 살펴보자. 그는 어렸을 때부터 껌과 콜라를 판 돈으로 14세에 AT&T 주식을 매수하면서 5,000달러(현재 가치 약 9,000만 원) 재산을 보유하게 됐다. 19세에는 핀볼 머신 대여 사업을 시작했고, 고향 오마하의 농지를 구입했다. 다니고 있던 고등학교의 교사들보다 많은 수입을 벌게 됐다고 한다. 이때 재산은 약 100 달러(현재 가치 약 1억 8,000만 원), 그는 30세가 되기 전에 100만 달러를 모으지 못하면 빌딩에서 뛰어내리겠다고 다짐하고 투자를 시작했다. 그리고 딱 30세가 되는 시점에 백만장자가 됐다.

콜롬비아 경영대학원에 다니던 시절 가치투자의 상징과도 같은 벤저민 그레이엄을 스승으로 삼은 그는 35세에 버크셔 해서웨이를 인수하면서 전설적인 투자 신화의 서막을 올렸다. 이때 재산이 700만 달러다. 53세, 투자 경력 40년 만에 현재 재산의 약 1%를 보유하게 됐다. 56세에 억만장자의 반열에 등극했고, 83세에 빌 게이츠와 함께 재산의 99% 이상을 기부하겠다고 서약, 활발한 기부 활동을 시작했다. 이때의 재산은 약 585억 달러, 89세(2020년)에는 순자산 약 785억 달러(94조 원)를 보유했고 기부한 금액은 약 45조 원이다.

누군가는 워런 버핏이 53세에 이미 부자였기에 현재의 부를 이룰 수 있었다고 말할 것이다. 그러나 중요한 것은 그가 50대 때 현재 재산의 불과 1%만을 모았다는 사실이다. 이제 막 '50' 줄에 들어선 당신의 자산이 1억 원이라면, 마음만 제대로 먹는다면 앞으로 100억 원을 모을 수 있는 시간이 충분하다는 얘기다. 하지만 우리는 워런 버핏 만큼의 막대한 자산까지는 바라지도 않는다. 내가 사랑하는 사람들과 더 오래 더 행복하게, 가능한 한 아쉬움 없이 풍족하게 노후를 대비할 정도면 충분하다.

우리는 50세가 되기 전까지 너무 바쁘게 살아 왔다. 대학을 졸업했든 졸업하지 않았든 일찍 사회에 나와 돈을 벌기 시작했다. 결혼한 뒤에는 가정을 지키기 위해 직업 전선에서 최선을 다했다. 어느 정도 자리를 잡았다 싶은 40대가 돼서도 쳇바퀴 같은 삶은 크게 변하지 않았다. 50대가 되면 간신히 그동안 살아 온 인생을 뒤돌아볼 여유도 생기고, 이제 얼마 안 남은 직장생활을 마무리하고 나면 그간 미뤄 놓았던 하고 싶었던 일들을 하고 살아야지, 계획도 세워 본다. 그런데 수중에 돈이 없다. 그동안 피땀 흘려 번 돈을 허투루 쓴 기억도 없는데 도대체 어디로 증발한 것일까? 곰곰이 생각해 보니 지금 사는 이 집, 아이들 과외비, 생활비 등등 모두가 돈이다.

그렇다면 앞으로 남은 기나긴 인생을 어찌 살아가야 하나 두려움이 밀려온다. 잠깐이지만 퇴직 후 즐거운 인생을 계획하며 행복한 꿈속에 빠져 있다가, 막상 여윳돈 한 푼 없는 슬픈 현실에 막

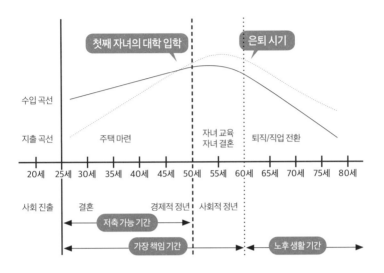

첫째 자녀의 대학 입학

은퇴 시기

수입 곡선

지출 곡선

주택 마련

자녀 교육
자녀 결혼

퇴직/직업 전환

20세 25세 30세 35세 40세 45세 50세 55세 60세 65세 70세 75세 80세

사회 진출

결혼

경제적 정년

사회적 정년

저축 가능 기간

가장 책임 기간

노후 생활 기간

라이프 사이클에 따른 나이대별 수입과 지출 곡선

막해진다. 하지만 걱정하지 말자. 현실을 깨달은 바로 지금이 한 푼 두 푼 모아 나의 노후를 대비할 적기이다. 퇴직을 눈앞에 두고 수중에 가진 돈이 없어 한숨과 걱정만 늘어가는 대한민국 50대들이 무엇을 어떻게 준비하고, 또 무엇을 조심해야 하는지 차근차근 이야기해 보자.

위의 그래프 '라이프 사이클에 따른 나이대별 수입과 지출 곡선'에서 보듯 대다수의 경우 50세까지는 지출보다 수입이 많아 저축이 가능하지만, 60세 전후 은퇴를 하고 자녀의 결혼이 맞물

리면서 수입보다 지출이 늘고 저축한 자금을 쓰게 되는 시기가 찾아온다. 즉 50대는 수입 초과 상태에서 지출 초과 상태로 전환되는 시점이다. 자녀 사교육비, 보험료, 대출 원리금 및 이자, 가족 구성원의 용돈, 보험료를 내고 나면 들어오는 돈보다 나가는 돈이 더 많은 불행한 사태가 발생하는 때도 있다. 이는 걱정 없는 노후를 위해 어느 때보다 각별한 재테크 계획이 필요하다는 뜻이기도 하다.

오랜 시간 은행에서 일하며 만난 고객 중에는 큰 부자도 있었지만 그렇지 않은 사람도 많았다. 그렇지 않은 사람 대부분은 연금이나 세액공제 상품에 대해 아예 모르고 있거나, 보험 약관도 잘 살펴보지 않은 채 이런저런 보험을 든 경우도 많았다. 갑작스럽게 퇴직하게 되어 생활비를 마련하지 못해 난감한 상황에 부닥친 경우도 보았다.

2020년 가계금융복지 조사에 따르면, 가구주 연령대별로 50대 가구의 자산이 평균 5억 903만 원으로 가장 높았다. 그런데 그중 금융자산은 1억 2,694만 원에 불과하고 나머지는 부동산과 같은 실물 자산에 묶여 있다. 즉, 50대가 돼서 갑자기 은퇴라도 하게 된다면 당장 먹고 살기 위해 쓸 돈을 걱정해야 할 처지가 된다는 것이다. 50대 고객이 이런 문제로 나에게 상담 요청을 할 때, 나는 딱 세 가지를 기억하라고 당부한다.

첫 번째, '나가는 돈 줄이기'이다. "지금 여기서 나가는 돈을 어떻게 더 줄여요?" 묻는다면, "연말정산 잘하고 있나요?" 혹은 "보험은 어떻게 들어 있나요?" 하고 되묻는다. 세금을 줄이고, 보험 리모델링만 해도 나가는 돈을 차곡차곡 모아 종잣돈을 만들어 투자할 수가 있다.

두 번째, '돈 모으기'다. 50대에 하는 투자는 30~40대 때와는 달라야 한다. 젊었을 때는 고수익을 노리고 과감한 투자를 할 수도 있다. 그러나 50대는 안정적으로 돈을 모아야 한다. 이를테면 주식 투자를 해도 변동성이 큰 종목보다 안전한 주식에 투자를 해야 한다. 부동산 투자도 마찬가지다. 자칫 잘못하다가는 오래 돈이 묶일 수 있는 재건축·재개발 지역은 피하는 게 좋다.

세 번째, '3층 연금 준비하기'다. 국민연금, 퇴직연금, 개인연금 등은 노후를 위해 반드시 준비해야 한다. 연금은 노후 자금의 부담을 줄이는 데 중요한 역할을 한다. 그런데 의외로 연금 지급액이 너무 적다며 연금을 소홀히 여기는 사람들이 꽤 많다. 나는 그런 분들에게 지금부터라도 연금을 준비하라고 조언한다. 지금은 '푼돈'이라고 생각되는 그 연금이 평안한 노후를 약속하기 때문이다. 이 세 가지만 기억하면 무리하게 투자하지 않아도 50대에 충분히 돈을 '잘' 굴릴 수 있다.

먼 일이라고 생각했던 '퇴직'이 슬슬 실감이 되고, 막상 모아 놓은 자산이 별로 없다고 느껴지며 불안해지는 시기가 올 때, 바로 그 시기를 잘 버텨야 한다. 늦게라도 돈을 모아야겠다는 마음을

먹은 것은 긍정적이지만, 그 마음이 지나치면 오히려 정신 건강에 해롭다. 노년 인구가 늘어나는 요즘, 50대는 청년이고 60대는 청춘이며 90대가 비로소 환갑이다. 안전하게 돈을 굴릴 수 있는 시간과 종목은 아직 충분하다.

·2·
인생 2막, 창업인가?
비트코인인가?

현재 우리나라의 근로자 법적 정년은 60세다. 그러나 실제로 체감하는 정년은 그와 많이 다르다. 통계청의 '2021년 5월 고령층 부가조사 결과'에 따르면, 취업 경험이 있는 55세부터 64세까지의 고령층 인구가 가장 오래 하던 일을 그만둔 평균 연령은 49.3세였다고 한다. 이들 중 45%는 본인 의사와 상관없이 사업 부진이나 명예퇴직 등으로 일자리를 잃었다. 이런 통계를 군이 인용하지 않아도 50세가 되면 퇴직 후의 삶을 설계해야 할 때다. 지금 당장 안정적으로 회사를 다니고 있을지라도 퇴직 시기가 얼마 남지 않았기 때문이다. 아무리 몸과 마음이 청춘 같아도 다각도로 미래를 준비해야 할 때다.

사람마다 조금씩 다르겠지만 보통 퇴직 후 연금을 받는 시기까지 최대 10년 이상의 공백기가 발생한다. 이 10년의 공백기 동안 50대는 보통 두 가지 중 하나를 선택한다. 창업과 재취업이 그것이다. 그리고 여기서 조심해야 할 게 바로 '창업'이다. 창업을 택한 상당수는 실패의 위험성을 줄이기 위해 외식 프랜차이즈를 선택한다. 이 선택으로 회사에서 일할 때보다 더 큰 수익을 얻는 사례도 있지만, 사실 이 선택은 리스크 또한 클 수밖에 없다.

자영업 4대 업종(도·소매, 음식, 숙박업 기준)의 폐업률이 매년 80%를 넘고, 코로나 팬데믹 이후로는 폐업하지 않더라도 큰 수익을 내는 곳이 별로 없기 때문이다. 퇴직 후 '뭐라도 해 봐야지'라는 생각으로 브랜드만 믿고 무작정 사업을 시작했다가는 오히려 그동안 모은 자산을 모두 잃을 수도 있다. 따라서 50대에 하는 창업은 더욱 치열한 공부와 신중한 선택이 필요하다. 50대의 경험과 역량이 아무리 풍부하더라도 처음 시작하는 창업에는 누구라도 초보일 수밖에 없다.

지금까지 A라는 분야에서 일을 했다고 해서 A라는 업종을 바로 창업할 수는 없다. 예비 창업, 초기 창업, 성장 단계 등 각 단계마다 필요한 지식이 다르다. 회사에서 부하 직원 관리를 잘했다고 해서 '사장'으로서의 직원 관리도 잘한다는 법은 없다. 회사에서 매출을 잘 올리던 영업부를 맡았었다 할지라도 자신이 차린

회사의 영업은 또 다른 얘기다. 아무리 소액 창업을 했다 하더라도 회사가 돌아가기 위해서는 회계, 영업, 마케팅, 기술, 직원 관리 등 다양한 분야의 전문성이 필요하다.

무엇보다 퇴직 후 일을 구할 때 퇴직금을 활용하는 것은 가장 하수가 선택하는 방법이다. 상수는 직장에서 얻은 지식과 기능을 활용하여 일을 얻는다. 이를테면 은행에서 퇴직한 직원이 금융 관련 업무를 담당하는 금융감독원 민원 파트에서 근무하거나 채권이나 심사 업무를 담당했던 직원이 온라인 은행이나 저축은행에서 일을 구하는 것이다. 중수는 회사에서 얻은 네트워킹을 활용하는 사람이다. 내가 아는 사람은 외국계 은행 지점장으로 근무하면서 모 대기업 회장을 알게 되었는데 그분의 소개로 퇴직후 그 회사의 자금 컨설팅 업무를 담당하는 고문역으로 취업한 경우도 있다.

나는 창업을 고민하는 주변 사람들에게 기초부터 다지기를 권한다. "프랜차이즈 지점 하나 생각하고 있는데 어떨까요?" 이렇게 묻는 게 대다수다. 그럼 나는 되묻는다. "그 사업으로 이루고 싶은 목표가 있으신가요?" 혹은 이렇게 묻는다. "미션이나 비전은 무엇인가요?" 그러면 대게 이런 식으로 답한다. "큰 사업을 하는 것도 아닌데요." 그러나 아무리 작은 사업이라 할지라도 자신이 하고자 하는 사업의 미션과 비전, 목표가 분명하지 않으면 사업 초기부터 어려움을 겪을 수밖에 없다.

나는 사업 지식을 얻는 방법 중 하나로 정부에서 제공하는 무료 교육을 유심히 살펴볼 것을 권한다. 또 창업에 앞서 도전 정신과 기업가 정신으로 무장하라고 조언한다. 인생 2막을 적극적으로 준비하고 과감히 헤쳐 나갈 수 있는 도전 정신, 제대로 된 기업을 일궈 보겠다는 기업가 정신이야말로 창업에 앞서 가장 먼저 갖춰야 할 기본기일 것이다.

5,000만 원만 있으면 나도 사장님?

58세에 퇴직한 A 씨는 회사로부터 퇴직금과 위로금을 합쳐 3억여 원을 받았다. 이렇게 이른 나이에 퇴직하게 될 것이라고는 생각하지 못했던 A 씨는 미처 퇴직 후의 삶을 설계하지 못했다. A 씨는 나에게 반 농담으로 "주식 투자를 할까요? 코인에 투자할까요? 창업을 할까요?" 묻는다. 퇴직 후의 삶을 설계하지 않았기에 뜬 구름 잡는 질문만 할 수밖에. 예를 들어 3억 원으로 주식 투자를 한다고 가정해 보자. 어떤 업종에 어느 정도로 투자를 해야 할 것인가? 주식보다 리스크가 큰 코인 투자는 어떤가. 창업은? 50대가 창업에 나설 때 가장 주의해야 할 것은 '손 쉬운 창업'이다. 누구나 할 수 있는 업종이라면 그만큼 경쟁자도 많고 폐업도 잦다는 뜻이다.

A 씨가 퇴직하고 받은 3억 원은 제법 큰돈이지만 100세 시대에 남은 50년을 살기에는 부족한 돈이다. 국민연금연구원에 따르면 우리나라 중고령자들은 매달 적정 노후 생활비로 부부 기준 평균 268만 원, 개인 기준 평균 165만 원이 필요하다고 생각하고 있다. 3억 원으로는 부부가 10년 정도를 생활비로 쓸 수 있는 비용이다. 여기에 자녀 교육비, 결혼 비용, 경조사비, 세금과 대출 원리금 등을 더하면 3억 원으로 10년 버티기는 불가능하다. A 씨가 50대에 돈을 굴려 따뜻한 노후를 보내기 위해서는 반드시 유념해야 할 것들이 있다.

서울 중국 북창동에서 샤브샤브와 한우 구이 식당을 운영했던 50대의 이야기다. 초기에는 맛집으로 입소문이 나면서 손님들이 몰려들었다. 점심 장사도, 저녁 장사도 잘됐다. 곧 건물을 한 채 살 수도 있으리라 기대에 부풀었다. 그런데 '김영란법'이 시행되고 저녁 손님이 줄어들기 시작하더니, 코로나19로 회식이 줄어들며 사업은 직격탄을 맞았다. 건물주의 꿈도 접어야 했다. 매달 돌아오는 월세와 직원 월급을 어떻게 해야 하나 걱정만 늘었다. 권리금이라도 받아 손해를 메꿔 보려고 부동산에 가게를 내놨지만 나가지 않았다. 결국에는 깨끗이 가게 문을 닫았다. 이처럼 실력을 갖추고 있어도 예상치 못한 불운을 만나면 한순간에 무너지는 것이 창업이다. 특히나 준비가 안 된 자영업은 은퇴자들의 무덤이다. 폐업한 자영업자 가운데 3명 중 2명은 창업 이후 3년을 버티지 못한다. 엇비슷한 업종으로 창업하기 때문에 경쟁이 치열하고, 경기가 침체되면 매출 부진에 빠지기 십상이다.

국내 자영업자 규모가 다른 나라에 비해 월등히 높다 보니(일본과 독일의 두 배, 미국의 4배) 경쟁은 더욱 치열할 수밖에 없다. 기업 구조 조정으로 인한 은퇴 연령층, 이직자 등이 음식과 숙박업, 도소매 등 자영업으로 대거 진출하면서 원래도 포화 상태였던 영세 업자 간 경쟁이 해마다 더욱 치열해지고 있는 상황이다.

자영업으로 가장 많이 선택하는 치킨 집 상황을 살펴보자. '5,000만 원만 있으면 나도 사장님!' 같은 프랜차이즈 모집 문구를 본 적 있을 것이다. 치킨 집 창업 비용은 평균 5,800만 원대로 퇴직자가 손쉽게 도전할 만한 금액이다. 이런 이유로 너도나도 치킨 집을 창업하지만 업소 당 연 매출액은 1억 4,949만 원으로, 커피 전문점, 주점 등 16개 프랜차이즈 업종 중 하위권이다.

'폐업 2,992곳, 3년 연속 폐업률 1위.' 국내 치킨 집(프랜차이즈 기준)의 현주소다. 치킨 집을 두고 '자영업자의 무덤'이라고 부르는 이유도 여기에 있다. 그런데 치킨 집이 없는 동네는 없다. 오히려 치킨 집은 더 늘어나고 있다. 이유는 간단하다. 문을 닫는 치킨 집보다 새롭게 문을 여는 치킨 집이 더 많아서다. 실제로 공정거래위원회 가맹사업정보제공시스템에 따르면 2019년 한 해에 문을 연 치킨 프랜차이즈 가맹점은 무려 3,937곳에 달했다. 전체 프랜차이즈 가맹점의 13.97%에 해당하는 규모다. 그래서 치킨 집은 폐업률도 높다.

국토연구원에 따르면 지난 20년간 치킨 집 폐업률은 78.2%다. 프랜차이즈 본사는 매출을 보장해 주지 않는다. 배달 앱을 이용하라고 권유할 뿐이다. 2만 원짜리 치킨을 팔면 배달 앱 수수료, 배달비 등의 명목으로 9,000원 정도가 나간다. 여기에서 재료비, 인건비를 빼면 남는 게 거의 없다. 경쟁 업체를 이기고 매출을 크게 일으키는 것만이 살 길이지만 말처럼 쉬운 일이 아니다.

손 쉬운 창업은 곧 손 쉬운 폐업도 가능하다는 뜻이다. 초기 창업 비용이 낮더라도 사업을 유지하려면 비용이 발생하고, 그 비용을 제하고 순익을 내기 위해서는 많은 시간을 투자하고 정신적, 육체적 노동을 갈아 넣어야 한다. 즉, '폐업해도 큰 손해는 안 나니까'와 같은 생각으로 접근해서는 안 된다. 50대의 '1년'의 가치는 40대가 가진 '1년'과는 다르다. 특히나 가성비만 믿고 섣불리 시작하는 창업은 반드시 조심해야 한다. 몇 번이고 강조하지만 준비 없는 창업은 절대 피하는 게 상책이다.

All or nothing!

단도직입적으로, 50대 이상에게는 가상화폐 투자만큼은 피하라고 말하고 싶다. 가상화폐로 큰돈을 번 사람들도 분명 있다. 앞서 소개한 A 씨가 퇴직금 및 위로금으로 받은 3억 원을 2021년 9월 말에 가상화폐에 투자했다고 가정해 보자. 9월 말에 비트코인은 5,000만 원대를 유지했다. 그러다가 10월 5일경 6,000만 원으로 올랐고, 21일에는 8,120만 원까지 급등했다. 20여 일만에 1억 8,000만여 원의 순수익을 얻은 것이다.

그러나 내려갈 때는 끝없이 내려간다. 2021년 5월 초, 비트코인 가격은 6,500만 원 정도였다. 그런데 6월 4일에는 3,900만 원대까지 급락한다. A 씨가 만약 5월 초에 3억 원을 투자했더라면 한 달도 채 되지 않아 1억 2,000만 원이 넘는 손해를 보았을 것이다. 가상화폐는 급락이 시작되면 어떠한 제동장치도 없다. 한순간에 전 재산을 잃을 수도 있다. 급전이라도 필요하면 손해를 감수하고서라도 현금화해야 한다.

내가 50대에게 가상화폐 투자를 권유하지 않는 이유는 성공 사례보다 실패 사례가 훨씬 많기 때문이다. 코인 시장이 위축되면서 투자자 2명 중 1명 이상이 가상화폐 투자 수익률이 마이너스를 기록하고 있다고 답했다. "가격이 유지될 땐 반등할 수 있다는 희망이 생기다가도 다시 급락하니 감을 못 잡겠다. 천천히 떨어지는 계단식 하락장에 코인을 팔지도 사지도 못하는 사이 투자금이 절반 이상 사라졌다." 비트코인에 투자하기 시작한 한 50대 남성의 푸념이다.

〈매일경제〉 신문이 서울머니쇼 참관객을 대상으로 설문 조사를 실시했는데, 50대 이상에서 가상화폐에 투자하는 비율은 32%였다. 중장년층은 여윳돈을 바탕으로 1,000만 원 이상 투자 비율이 67%에 달했다. 가상화폐 투자 수익률을 묻는 질문에는 전체 응답자의 55%가 마이너스라고 답했다. 연령별로 보면 50대 이상 응답자의 59%가 '손해를 보고 있다'고 답했다. 50대 이상 가상화폐 투자자의 15%는 수익률이 '마이너스 50% 이하'이고, '마이너스 50~20%'라고 답한 비율도 15%에 달했다.

어렵게 직장 생활을 하며 애써 모은 돈을 가상화폐에 투자했는데 수익률이 마이너스 50%라면 어떤 마음이 들까? 50대는 변동성이 높은 가상화폐 투자보다는 변동성이 적은 곳에 투자하는 게 마땅하다. 나는 차라리 그 돈을 금에 투자하라고 권한다. 금은 변동성이 적기 때문에 수백 년간 화폐처럼 유통되어 온 전통적인 안전 자산이다. 금에 투자하는 방법은 크게 네 가지인데 대표적으로 금 ETF나 금 펀드, 골드 뱅킹, 실물 금, KRX 금 거래로 투자가 가능하다. 금 ETF는 주식처럼 직접 매매하기도 편하고 수수료도 저렴하다. 이렇게 손쉽게 안정적인 곳에 투자할 수 있는데 변동성이 높은 가상화폐에 투자한다? 나는 진심으로 말리고 싶다.

"나는 투자로 엄청난 돈을 벌었다가 잃은 경험이 있다. 최근 가상화폐에 투자하는 사람들이 늘어나고, 손실 위험 또한 점점 커지는 것 같아 경각심을 주고 싶었다. 가상화폐는 투자나 투기 거래의 범위를 벗어난 투전판, 도박 수준이다." 60대의 한 투자회사

회장 윤 씨의 말이다. 그는 옛 서울은행에서 선물(先物) 운용을 담당하다가 1996년 8,000만 원으로 개인 투자를 시작해 8년 만인 2004년 1,300억 원을 벌어 16만%라는 경이적인 수익률을 기록했다. 그의 이름보다 '압구정 미꾸라지'라고 하면 시장에서 모르는 사람이 없을 정도였다. 서울 강남구 압구정동에 회사 건물이 있었고, 미꾸라지처럼 빠르게 움직이며 종횡무진 선물 시장을 움직인다고 하여 붙은 별명이다. 윤 씨에 따르면, 다양한 투자 자산을 대상으로 일일 최고·최저가 차이의 5년간 평균인 일중(日中) 변동성을 구해 봤더니 가상화폐가 월등히 높았는데, 비트코인의 일중 변동성은 3~5%로 미국, 일본, 홍콩 등의 주가지수(1%)나 달러, 엔 등 외화(0.5%)는 물론, 원유, 구리 등 원자재(1.5%)보다도 높았다.

"가상화폐 시장은 가격 안정성을 찾아볼 수 없는 불안한 상태다. 투전판이나 도박은 대개 '모 아니면 도(all or nothing)' 식의 거래로 투자자 대부분이 떨어져 나가는 경우가 다반사인데 가상화폐가 딱 그런 경우다." 윤 씨는 가상화폐 투자를 통해 수익을 보는 사람은 초기 투자자를 제외하고 전체 투자자의 2~3%에 그치리라고 내다봤다. 비트코인의 높은 변동성 때문에 언제가 바닥인지 알 수 없어 사놓고 오르기를 장시간 기다리는 '바이 앤드 홀드(buy and hold)' 전략을 구사하기 어려워 장중에 나타나는 작은 등락 폭마다 쉴 새 없이 사고 팔아 차익을 노리는 전략을 써야 하기 때문이다. 그런데 이렇게 1~2초 만에 매매를 성사시키는 전략은 보통 사람으로서는 불가능한 일이기에 손실 가능성만 커진다는 것이다. 한평생 투자만으로 재산을 축적한 사람도 비트코인을 경고하고 있다. 안전하게 자산을 불려 나가야 할 50대에겐 이런 투자는 치명적이다. 부디 자제하기를 권한다.

·3·

의외로 잘 모르는,
연말정산 제대로 파헤치기

50대가 되면 고정적으로 나가는 돈이 많아진다. 각종 경조사비에 아이들 학비에 이런저런 보험료와 세금 공과금까지. 먹고사는 비용은 제외하고라도 나가는 돈이 만만치 않다. 50대에는 이렇게 나가는 돈만 잘 관리하고 줄이면 생각보다 큰 비용을 쉽게 모을 수 있다.

50대 직장인 가계 자산의 72%가 부동산에 편중돼 있다는 통계(2020 미래에셋 은퇴라이프 트렌드 조사보고서)가 있다. 대부분 노후 자산 확보를 위해 부동산을 선택하는 것이다. 자산의 70% 이상이 부동산에 묶여 있다면, 당장 쓸 수 있는 돈은 한정돼 있을 것이고, 나가는 돈을 줄이지 않고서는 돈을 모으기란 쉽지 않다. 50이 넘은 나이에 안 먹고 안 쓰면서 나가는 돈을 마냥 줄일 수는 없는 노릇이기에 더더욱 현명한 돈 줄이기 플랜이 필요하다.

일단 소득과 소비 패턴을 체크해 보자. 우리 가족의 소득이 얼마인지, 보너스와 성과금은 얼마인지, 기타 소득은 얼마인지를 파악한 후 정기적으로 지출되는 돈이 어디에 어떻게 사용되고 있는지 계산하자. 50대에 정기적으로 나가는 돈이라면 보통 관리비, 교통비, 식료품비, 통신비, 자녀 교육비, 대출 이자나 대출 원리금, 용돈 등일 것이다.

우리가 살면서 피해갈 수 없는 게 두 가지 있다. 바로 세금과 죽음이다. 특히 '유리 지갑'인 직장인들은 정부 입장에서는 가장 쉬운 세원으로서 늘 탈탈 털리는 입장이다. 하지만 조금만 관심을 기울인다면 누구나 손 쉽게 절세 혜택을 받으며 나가는 돈은 줄이고 그 돈을 불려 나갈 수 있다. 문제는 실행력이다. 작은 공제 하나라도 실행해서 돈을 아끼는 사람과 그렇지 못한 사람의 노후는 판이하게 다를 수 있다. 차차 설명하겠지만 원리는 단순하다. 소득공제를 통해 세율 구간을 낮추고, 세액공제를 통해 나가는 세금을 줄이면 환급액이 2030 직장인보다 절대적으로 높게 나올 수 있다. 아주 적은 금액이라면 의미가 없겠지만 고임금으로 인해 절세되는 환급액도 크므로 몇 년 안 남은 직장 생활 동안 연말정산 환급액을 장기간 잘 운용한다면 노후 자금으로 충분히 활용할 수 있다. 지금부터 연말정산의 모든 것을 파헤쳐 보자.

털릴 것이냐, 돌려받을 것이냐

제일 먼저 연말정산이란 무엇일까? 막상 물어 보면 제대로 대답하지 못 하는 사람들이 많다. 연말정산이란 쉽게 말해 근로자가 전년 소득에 비해 근로소득세를 과하게 냈는지, 덜 냈는지를 파악해 일부를 돌려주거나 추가 징수하는 것을 말한다. 소득에 비해 세금을 더 낸 사람에게는 돌려주고, 덜 낸 사람에게는 추가로 세금을 징수하는 것이다. 그래서 누군가는 '13월의 월급'이라 부르고, 누군가는 '세금 폭탄'이라 부르기도 한다. 같은 연봉을 받더라도 누군가는 돌려받고, 누군가는 세금을 더 내는 경우도 생기는데 특히 급여 소득이 많은 50대 이상은 자칫 잘못하다가는 폭탄을 맞게 되는 경우가 있어 좌절할 때도 있다. 왜 이런 일이 일어날까?

부양가족이 있거나, 기부금을 많이 냈거나, 교육비로 지출하는 비용이 많은 경우 등에 해당된다면 세금을 공제 또는 감면 받을 수 있다. 예

연말정산 어떻게 계산함?

연말정산 금액
1. 총 급여
− 2. 비과세소득
− 3. 소득공제 항목
− 4. 세액공제 항목
− 5. 기납부 세액

최종 금액이 마이너스면 그만큼 돌려받고 플러스면 그만큼 세금을 추가납부함.

를 들어 김 부장은 부모님과 자녀를 모두 부양하고 이 부장은 독신이다. 나라에서는 이런 경우 김 부장에게 세금공제 혜택을 준다. 그런데 이런 사항들을 매월 급여에 반영할 수는 없으니 급여를 지급할 때는 회사가 일괄적인 비율로 세금을 미리 공제해 국가에 납부하고, 연말정산 때 이 사항들을 정확히 반영해 계산한다. 어렵게 느낄 필요는 없다. '소득공제'와 '세액공제'에 해당하는 소비 내역을 최대한 많이 찾아내면 된다. 소득공제는 근로자의 소득을 공제하는 것 즉, 소득을 그만큼 빼 주는 것이다. 만약 연봉이 5,000만 원인데 소득공제 금액이 500만 원이라면 작년 소득은 4,500만 원이 되는 셈이다.

세액공제는 세금을 공제하는 것으로 납부해야 할 세금을 깎아 주는 것으로 이해하면 된다. 즉 세금을 1,000만 원 내야 하는데 세액공제를 200만 원 받으면 실제 내야 할 세금은 800만 원이 되는 셈이다. 보통 소득공제보다 세액공제가 많아야 더 많은 금액을 돌려받을 확률이 높은데 둘 다 좋은 거니까 많이 받으면 받을수록 좋다.

> 소득공제: 근로자가 얻은 소득 중 일정 금액을 공제하는 것
> 세액공제: 납세자가 부담하는 세액 중 일부를 공제하는 것

연말정산 5단계, 이것만 기억하자

1단계: 총 급여에서 내가 쓴 돈을 뺀다.

*비과세 소득은 제외

2단계: 소득공제 되는 항목을 뺀다.

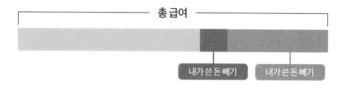

소득공제 되는 항목에는 인적공제, 연금·건강보험료 공제 등이 있다. 주택담보대출 이자, 전세자금대출 원금 및 이자에 대한 특별소득 공제도 있다. 신용카드 및 체크카드 사용 금액, 전통시장, 대중교통 이용 금액, 청약통장 저축액 또한 소득공제를 받을 수 있는 항목이다. 거기에 더해 전세나 월세로 집을 구하면서 빌린 돈도 공제 대상이 되는데, 빌린 돈의 원리금을 상환하는 경우 상환금의 40%까지 공제해 준다. 청약통장 납입액도 소득공제 대상으로, 총 급여액이 7,000만 원 이하인 무주택자의 경우 주택마련저축에 납입한 금액의 40%(연 240만 원 한도, 주택임차차입금 소득공제와 합해 300만 원)까지 공제해 준다.

신용카드와 현금영수증을 모두 합쳐 쓴 금액이 작년보다 5%를 초과하면 그 증가분에 대해 10%의 공제율로 추가 공제가 가능하다. 한도 역시 100만 원이 추가로 늘었다. 예를 들어 총 급여가 7,000만 원인 근로자가 지난해 2,000만 원, 올해 3,500만 원의 신용카드를 사용한 경우 소득에서 140만 원을 추가로 공제받을 수 있다. 단, 신용카드 사용액이 총 급여의 25%를 넘지 않으면 공제 혜택을 받을 수 없다.

2021 종합소득세율 간편법

과세표준	산출세액
1,200만 원 이하	과세표준 x 6%
1,200만 원 초과 4,600만 원 이하	과세표준 x 15% - 108만 원
4,600만 원 초과 8,800만 원 이하	과세표준 x 24% - 522만 원
8,800만 원 초과 1억 5,000만 원 이하,	과세표준 x 35% - 1,490만 원
1억 5,000만 원 초과 3억 원 이하	과세표준 x 38% - 1,940만 원

3억 원 초과 5억 원 이하	과세표준 x 40% - 2,540만 원
5억 원 초과 10억 원 이하	과세표준 x 42% - 3,540만 원
10억 원 초과	과세표준 x 45% - 6,540만 원

3단계: 자신의 세금 비율을 찾는다.

과세표준에서 해당 세율을 곱한 값이 세액이다. 만약 과세표준이 5,000만 원이라면, 세액 24%를 곱하면 된다. 여기에서 누진공제를 뺀 값이 세액이다. 누진공제는 소득에 따라 세율이 계단식으로 높아지므로 해당되는 세율을 곱해서 나온 값에서 낮은 세율 부분에 해당하는 세금에 대해 공제해 주는 금액을 계산해 놓은 값이다. 연봉이 높을수록 당연히 세액 또한 높아진다. 특히 50대 직장인이라면 의외로 많은 세금으로 인해 골치가 아플 수밖에 없는데, 다음 단계를 통해서 세금을 더 줄일 수 있다.

4단계: 세액공제 항목을 체크한다.

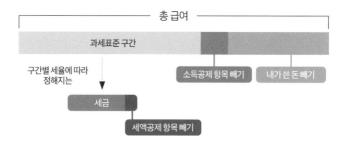

과세표준 구간에 따라 매겨진 세금에서 한 번 더 공제할 수가 있다. 50대라면 이 단계가 특히 중요하다. 세액공제 대표 항목에는 자녀 세액, 연금저축 계좌 세액 등이 있고, 특별세액 공제 항목으로는 보장성 보험료, 의료비, 교육비, 기부금 등이 있다. 세액공제는 이미 산정된 세금에서 일정액을 차감해 주는 것으로 체감 공제 효과가 크기 때문에 꼼꼼히 챙겨야 한다. 연금저축과 세액공제가 대표적이다.

연금저축과 IRP(개인형퇴직연금)를 합산해 연간 최대 700만 원까지는 납입한 금액에 대해 세금 환급을 받을 수 있다. 소득에 따라 13.2~16.5%의 세액공제가 가능하다. 총 급여 5,500만 원 이하 근로자가 700만 원을 연금으로 납입하면 16.5%(5,500만 원 초과는 13.2%)의 세액공제를 받아 연말정산 때 최대 115만 5,000원(5,500만 원 초과 92만 4,000원)을 돌려받을 수 있다. 이자로 따져 보면 최대 연 16.5%에 달한다.

세액공제 항목:
연금저축 계좌 및 퇴직연금 계좌
의료비, 교육비, 기부금 등
임대차 월세 비용(주택 월세)
보장성 보험료
자녀 세액공제

특히 세액공제 대상 연금저축 계좌 납입 한도가 내년까지 한시

적으로 총 급여 1억 2,000만 원 이하, 50세 이상에 대해서만 600만 원으로 상향됐다. 따라서 50세 이상은 지금이라도 연금저축 추가 납입을 통해 세액공제를 늘릴 여지가 있다. 아울러 IRP는 만 50세 이상의 근로소득자나 자영업자 모두 내년까지 한시적으로 세액공제 가능액이 700만 원에서 900만 원으로 늘어났다. 은퇴가 임박한 50대라면 추가 세액공제를 활용하여 더 적극적으로 노후 준비를 하는 것이 좋다.

만약 공격적인 투자자라면 연금저축을 추천한다. 연금저축은 투자 자산 배분에 대한 별도의 규제가 없어 주식형펀드나 ETF(상장지수펀드)에 적립금 100% 투자가 가능하기 때문이다. 이에 반해 IRP는 펀드 등 위험자산에 대한 투자가 70%까지만 가능하고 나머지는 예금 등 안전자산으로 운용하는 것이 원칙이다. 다만 IRP라 할지라도 분산투자로 위험을 낮춘 채권혼합형 펀드(주식 비중이 40% 이내)나 IRP 전용 TDF(Target Date Fund)처럼 위험이 제한된 상품은 예외적으로 적립금의 100%까지 투자할 수 있다.

중장년층에게는 TDF가 생소할 수도 있는데, TDF는 요즘 인기몰이를 하고 있는 투자 상품 중 하나로 투자자가 젊을 때는 자산 증식을 공격적으로 하고, 은퇴 시점이 가까워질수록 채권 등 안전자산 비중을 높여 노후 자산을 안정적으로 설계할 수 있도록 한 것이 특징이다. 연금저축은 가입 기간 중에 일부 인출 기능이 있지만, IRP는 법에서 정한 사유가 아니면 중도 인출을 할 수 없

어 계약 자체를 해지해야 하는 일이 발생하기도 한다. 여유 자금
이 생겨서 한 번에 납입해도 똑같은 세제 혜택을 받을 수 있다.

퇴직할 때는 퇴직금을 바로 수령하는 것보다 IRP(개인형퇴직연
금) 계좌로 옮겨 운용하는 것이 좋다. 퇴직금을 IRP 계좌로 받으
면 퇴직금에 대한 세금이 인출할 때까지 지연될 뿐 아니라 연금
으로 나눠 받으면 최대 30%의 절세 효과를 볼 수 있기 때문이다.
IRP 계좌에서 운용하는 동안 금융소득으로 과세되지 않아 금융
소득종합과세 부담도 없다. 운용 수익에 대한 세금도 연금으로
수령하면 3.3~5.5%로 낮은 세율 혜택까지 받을 수 있다.

2020년 ~2022년 적용(변경 후)

	세액공제 대상 금액		세액공제율
	50세 미만	50세 이상	
촐 급여액 5,500만 원 이하 또는 종합소득금액 4,000만 원 이하	400만 원 (1RP합산 700 만 원)	600만 원 (1RP합산 900 만 원)	16.5%
촐 급여액 1억 2,000만 원 이하 또는 좋합소득금액 1억 원 이하	400만 원 (1RO합산 700 만 원)	600만 원 (1RP합산 900 만 원)	13.2%
촐 급여액 1억 2,000만 원 초과 또는 종합소득금액 1억 원 초과	300만 원 (1RP합산 700만 원)		13.2%

연금저축과 IRP 상품을 연내에 가입해 당장 세제 혜택을 보는
것도 중요하지만, 핵심은 오랫동안 유지하는 것이다. 연금으로
수령하면 연금소득세 3.3~5.5%만 내면 되지만, 중도에 연금을

해지하면 세액공제를 받았던 적립금과 운용 수익에 대해 기타소
득세를 16.5%나 내야 하기 때문이다.

5단계: 반드시 돌려받자!

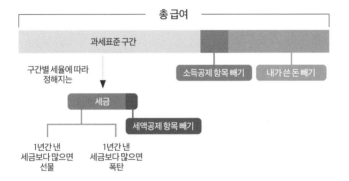

소득공제, 세액공제 항목까지 모두 뺀 후의 최종 세금과 1년간
이미 낸 세금을 비교해 보자. 이미 낸 세금이 최종 세금보다 많다
면? 더 많이 낸 것이니까 돌려받을 수 있다. 반대로 이미 낸 세금
이 최종 세금보다 적다면? 더 낼 수밖에 없다. 연말정산만 잘 활
용하면 거의 한 달치 월급을 돌려받을 수 있는데, 이를 활용하지
못 한다면 얼마나 큰 손해인가.

　인적공제를 한번 살펴보자. 함께 사는 자녀뿐만 아니라 따로
떨어져 사는 부모님도 연간 소득이 없거나 연간 소득 합계가 100
만 원 이하일 경우 인적공제 대상이 된다. 50대의 경우에는 부모

의 소득이 거의 없는 경우가 많으므로 이를 활용해야 한다. 다만 자녀 중에서 한 명만 인적공제가 되니, 형제들이 모두 급여생활자라면 잘 상의할 필요가 있다. 인적공제 대상 중에는 세법상 장애인도 포함되는데 1인당 200만 원으로 규모가 크다. 세법상 장애인은 우리가 알고 있는 장애인과는 조금 다른데, 암 환자나 희귀난치성 질환과 정신적 질환 등 중병을 가진 사람 모두가 대상자가 될 수 있다. 부모님이 암을 앓다가 돌아가셨는데 공제 받은 사실이 없다면 5년이 지나지 않은 경우 혜택을 받을 수 있다. 물론 부모님이 공제 대상인 자녀만이 신청할 수 있다.

필자의 아버지는 5년 전 서울대학병원에서 간과 대장암 수술을 받았다. 병원 원무과 옆에 장애인 등록증 자동발급기가 있어 바로 서류를 발급받을 수 있었다. 장모님의 경우 무릎 인공관절 수술을 받으셨고, 치매 초기인 6급 치매 판정을 받으셨는데 병원에서 상담을 해 본 결과 인공관절 수술은 공제가 되지 않고, 치매의 경우 장애인 등록증을 발급받아 장애인 혜택을 받을 수 있었다.

소득공제 항목 중 신용카드 및 체크카드의 경우 신용카드는 사용 금액이 연간 총 급여의 25%를 넘었을 때, 초과한 사용 금액의 15%를 근로소득 금액에서 공제받을 수 있다. 그래서인지 신용카드를 많이 쓰면 무조건 소득공제가 된다는 오해를 종종 하는데 그렇다면 열심히 신용카드를 긁어서 소득공제를 많이 받는 게 좋을까? 결론부터 말하자면 결코 아니다. 연봉 3,000만 원을 받는 직장인이 신용카드를 1,000만 원 긁었을 때 세금 환급을 얼마나 받는지 알아보자.

소득공제 금액=250만 원(연봉의 25% 초과 사용 금액)×15%=37만 5,000원

연봉이 3,000만 원이므로 세율은 15%가 된다. 37만 5,000원에 세율 15%를 곱하면 5만 6,000원, 소득공제를 많이 받고자 신용카드를 연봉의 1/3이나 긁은 결과 손에 들어온 돈이 겨우 5만 6,000원인 것이다. 무조건 긁는다고 다가 아니라는 얘기다. 소비를 최대한 줄이고 저축을 하는 게 최선이지만, 어쩔 수 없이 소비해야 한다면 신용카드를 쓰는 게 좋다는 말이다. 여기서 알아 둬야 할 중요한 포인트가 있다. 체크카드를 쓰면 신용카드의 2배, 현금을 쓰고 현금영수증을 발급받으면 이 또한 신용카드의 2배, 또 대형마트가 아닌 전통시장에서 물건을 사거나 대중교통을 이용하면 이보다 더 높은 40%를 공제해 준다. 대형마트에서 신용카드를 쓰는 것보다 전통시장에서 체크카드를 쓰는 게 더 이득이라는 소리다.

같은 돈을 쓰더라도 현명하게 쓰자. 연말정산? 귀찮다고 여기지 말고 꼼꼼하게 챙기자. 돈 몇 푼 아끼자고 챙기라는 소리가 아니다. 그 몇 푼으로 노후를 위한 투자를 진행할 수 있기 때문이다.

·4·
집 두 채 안고
절세까지

요즘 보통의 50대는 증여나 상속이 아직은 먼 얘기라고 생각한다. 내 주변에 있는 50대들도 마찬가지다. 꽤 재산을 모은 사람들조차 아직은 때가 아니라고 생각한다. 그러나 집을 두 채 이상 가지고 있으면 보유세를 내야 하는데 한 푼이라도 아껴야 하는 50대에 이는 적지 않은 타격이다.

불과 몇 년 전만 해도 조금 여유가 있을 경우 노후 자금으로 집을 한 채 더 사서 전세로 돌리거나 월세를 받는 식으로 자금 마련 계획을 세우고는 했다. 지금도 물론 유효하지만, 다주택자 보유세 부과로 인해 집을 두 채 이상 가지고 있다면 고민에 빠질 수밖에 없다. 현재는 다주택자에게 종부세 세율을 적용하는 조정대상 지역이 늘어났기 때문이다.

보통 3주택 이상에 중과세율이 적용되는데, 조정대상지역에서 는 2주택부터 적용된다. 예를 들어 2021년 현재 공시가격 합계 가 25억 원인 조정대상지역 2주택자라면 앞으로 5년간 낼 보유 세는 총 4억 원 정도가 된다. 5년 뒤 집 한 채를 지금보다 5억 원 오른 가격에 팔면 양도세를 빼고 남는 돈이 2억 원가량이다. 시세 차익으로 올리는 수익보다 세금이 2억 원 더 많다. 집을 처분할 수밖에 없는 상황이 되는 것이다.

그러나 다주택을 유지하면서 세금을 줄이는 방법이 있다. 바로 아파트 명의를 바꿔 세금을 줄이는 것이다. 종부세는 개인별 과세 이기 때문에 개인별로 집을 나누면 세금이 줄어든다. 배우자 증여 가 특히 유리한데 증여세를 내지 않아도 되는 금액이 자녀의 경우 5,000만 원까지, 배우자는 6억 원까지다. 증여 취득세가 12%로 올랐지만 공시가격 급등 등의 이유로 종부세가 많이 늘어날 전망 이기에 중장기적으로 보면 보유세보다 증여세 비용이 적다.

예를 들어 공시가격이 각각 15억 원, 10억 원인 아파트를 두 채 가지고 있다고 가정해 보자. 이 두 채 중에서 10억 원짜리 아파 트를 배우자에게 증여하면 증여세와 취득세를 총 3억 원가량 내 야 한다. 그러나 한 해 평균 4,000만 원 정도의 종부세를 줄일 수 있기 때문에 7.5년 정도면 절세 금액이 증여 비용과 비슷해진다.

다른 장점도 있다. 증여한 주택을 팔 때 양도세 계산에서 양도 차익이 증여 금액만큼 줄기 때문에 양도세 절감 효과도 있다. 다른 방법도 있다. 10억 원짜리 아파트를 배우자와 공동명의로 바꾸면 증여세와 취득세가 총 7,000만 원가량 드는 대신 한 해 평균 3,000만 원 정도의 종부세를 줄일 수 있다. 일부 증여로 효율적인 세금 절감 효과를 얻을 수 있는 것이다. 만약 아파트 두 채가 부부 각자의 명의로 되어 있다 해도 걱정할 필요가 없다. 증여나 공동명의를 고려하지 않고 현 상태를 유지하는 게 최선이다.

자산을 자녀에게 물려줄 생각이 있다면 미리 준비해서 증여하는 게 좋다. 배우자에게 상속됐을 때, 배우자 유고 시 자녀에게 상속됐을 때도 상속세가 발생한다. 상속과 증여에 대한 계획을 세우고 증여를 적극적으로 고려해야 하는 이유가 여기에 있다. 상속세율은 누진세율 구조이기 때문에 상속 재산의 규모가 더 큰 경우에는 상속세가 더 큰 폭으로 증가한다. 증여가 빠를수록 좋은 이유는 증여 재산 공제 혜택을 한 번이라도 더 받을 수 있고 증여 재산의 가치 증가 효과를 배우자나 자녀가 그대로 가져갈 수 있기 때문이다. 어린 자녀에게도 2,000만 원 이내의 현금을 증여한 다음 자녀 명의로 주식이나 펀드 등 금융 상품에 장기적인 투자를 하는 경우도 고려해 봐야 한다.

그럼에도 여전히 상속만 생각하는 분들이 많이 있는데 상속 문제 때문에 가족이 풍비박산 나는 경우도 더러 있고, 생각보다 큰 상속세 때문에 이러지도 저러지도 못하는 경우를 많이 보았다. 상속과 증여에는 높은 세율이 적용되지만 얼마나 장기적으로 꼼꼼하게 절세 노력을 기울이느냐에 따라 절세의 여지도 크다. 지금부터라도 장기적인 상속 증여 플랜을 세우고 꾸준하게, 차근차근 실천해 보자.

·5·
똑똑한 보험
리모델링 A to Z

한 달에 자신의 보험료가 얼마나 나가는지 정확히 아는 사람이 있을까? 특히나 50대라면 여기저기서 지인들의 권유로 든 보험 때문에 생각보다 많은 보험료가 조용히 새고 있을 가능성이 크다. 지인 권유가 아니더라도, 나이가 나이인 만큼 각종 보험으로 미래를 대비하겠다고 다양한 보험에 가입한 사람들도 꽤 있을 것이다. 50대에 접어들면 본격적으로 찾아오기 시작하는 갖가지 질병들 탓에 오랜 기간 꾸준히 건강 관리를 해 온 사람이라 할지라도 각종 성인병을 피하기 어렵다.

　우리나라 사람들은 이렇듯 위험에 대비한다는 명목으로 다소

과하게 보험료를 지출하고 있다. 가계 소득 대비 평균 18%를 매월 보험료로 내고 있다고 하니 어떻게 돈을 모아 노후를 대비할 것인가? 무분별한 보험 가입으로 인해 10명 중 3명 정도는 손실을 감수하면서 중도에 보험을 해지하기도 한다. 그리고 생각보다 많은 사람들이 보험을 '위험 보장'이 아닌 '저축 또는 목돈 마련'의 수단으로 활용하고 있다. 이는 대단히 잘못된 인식이다. 생각보다 많은 보험료가 나가고 있다면 오히려 노후 준비와는 전혀 먼 상황으로 특히나 50대라면 보험 리모델링을 통해 불필요하게 나가는 비용을 줄일 필요가 있다.

중년이 넘어선 경우 보험료를 재점검할 때 가장 먼저 선택해야 하는 보험은 실손의료보험이다. 기존에 가입한 내역이 없다면 반드시 들어야 하고 보험 리모델링을 할 때도 버리지 말고 가지고 있어야 하는 보험이다. 병원비 지출에 대해 일정 부분 자기부담금을 제외하고 보장을 받기 때문에 병원 갈 일이 자주 생기는 중년에게 든든한 보험일 수밖에 없다. 타고나길 건강한 사람도 있겠지만, 평균 56세에 만성질환 최초 진단을 받는다는 조사 결과도 있듯이, 우리나라의 50~60대 대부분이 만성질환을 앓고 있고, 한 번 입원하게 되면 보통 100만 원 이상의 의료비를 지출한다고 하니 실손의료보험이 없다면 큰 타격이 아닐 수 없다.

'건강'은 행복한 노후를 구성하는 가장 주된 요인이다. 그래서 많은 사람들이 각종 보험을 중복으로 드는 경우도 허다하다. 그러나 은퇴 후 소득은 대개의 경우 줄어들기 때문에 지금은 부담이 가능한 보험료 지출도 은퇴 후에는 가계 경제에 큰 타격을 줄 가능성이 높다. 그렇다고 보험을 아예 들지 않는다면 주요 질병이 발병했을 때 이에 대비할 당장의 자산이 없어 곤란한 상황에 처할 수 있다. 따라서 하루라도 빨리 보험 리모델링을 통해 불필요한 보험료 지출을 줄이고 꼭 필요한 보장 항목을 보완하여 걱정 없는 노후를 준비하도록 하자.

실손보험, 쫑신보험? 순수 보장, 만기 환급?

일단 보험료가 많이 나가는 이유를 들여다보자. 보험료로 나가는 돈이 지나치게 많다 보면 투자는커녕 저축조차 제대로 하지 못해 불안한 노후를 맞을 수 있다. 나에게 상담을 요청하는 사람들 중에서도 보험료 때문에 골머리를 앓고 있는 경우가 많았는데 그들이 안고 있는 대표적인 문제는 아래와 같다.

첫 번째, 실손보험에 과도하게 돈을 쓰고 있다. 만약 딱 한 개만 보험을 들어야 한다면 1순위가 실손보험이다. 지출한 병원비의 대부분을 돌려받을 수 있기 때문에 중년 이후 앓게 되는 병에 대처할 수 있다. 그런데 최근 이 실손보험료가 크게 올랐다. 4세대 실손보험의 경우에는 보험료가 적지만 비급여 치료 금액이 많을수록 보험료가 할증된다. 그 전에 나온 실손보험 중에는 자기 부담금이 없는 대신에 치료비를 100% 돌려받는 것들이 있었고 그래서 이 보험을 최고라고 생각하는 사람들도 있지만 갱신 기간 때마다 보험료가 크게 오른다는 단점이 있다. 40대 후반으로 갈수록 체감이 될 정도기 때문이다. 평소 병원을 잘 안 가는 건강한 사람이라면 4세대로 전환하는 게 유리할 수 있다.

두 번째, 종신보험이다. 우리나라 사람들은 특히나 걱정을 달고 산다. '내가 죽으면 우리 가족은?' 이런 생각 때문에 자신이 사망했을 때 가족에게 사망보장금이 지급되는 종신보험에 가입한다. 월 평균 25만 원이 넘는 돈이 이곳에서 새고 있다. 만약 자녀가 성인이 됐다면 군이 이 보험에 들 필요가 없다. 자녀가 어렸을 때에야 혹시 모를 미래에 대비해 종신보험에 들 수도 있지만 자녀가 성인이 돼 자기 몸을 보살필 정도라면 군이 필요가 없는 보험이다.

우리가 보험에 가입할 때 자주 듣는 용어 중 하나가 있다. 바로 '만기 환급형'이다. 이름 그대로 만기에 100% 내가 낸 돈을 돌려준다는 의미, 이는 보험의 보장 기간이 끝나면 그동안 낸 금액의 대부분을 돌려받는 보험 가입 방식 중 하나이다. 예를 들어 어떤 상품을 20년 납입 80세 만기로 가입했다면 20년 동안 매달 보험료를 납입하고 80세 만기가 되었을 때 해약 환급금으로 그동안 냈던 원금을 돌려준다는 개념이다.

이와 반대되는 개념으로 '순수 보장형'이 있다. 이는 납입한 보험료가 순수하게 보장에만 쓰인다는 뜻이다. 보험료에서 저축용 자금을 별도로 쌓아 나가지 않고, 진단비나 치료, 수술, 입원비 등의 보장에만 보험료를 사용하는 방식이다. 이러한 순수 보장형 상품은 나중에 고객에게 돌려줘야 할 돈이 없으므로 당연히 월 보험료는 만기 환급형 상품보다 훨씬 저렴하다.

온라인 생명보험사에서 판매하는 암보험을 통해 만기 환급형과 순수 보장형을 직접 비교해 보자. 온라인 보험 중에는 내가 원하는 방식으로 직접 설계하여 보험료를 비교할 수 있는 보험회사가 많다. 50세 남성 기준으로 일반 암 진단비 3,000만 원에 가입하는 경우이다. 가입 조건은 20년 납, 100세 만기이다. 만기 환급률이 0%인 순수 보장형의 경우 월 보험료로 6만 4,530원이 나오고, 20년간 내야 하는 총 금액은 1,548만 7,200원이다. 만기 환급률이 100%인 만기 환급형의 경우는 월 보험료로 12만 7,020원이 나오고, 20년간 내야 하는 총 금액은 3,048만 4,800원이다. 즉 똑같이 3,000만 원의 진단비 보장을 받는 암보험에 가입하는데, 월 보험료 6만 4,000원을 낼 수도 있고, 2배인 12만 7,000원을 낼 수도 있는 것이다. 우리는 어떤 선택을 해야 할까?

20년간 보험을 해약하지 않고 끝까지 납부하는 것은 절대 쉬운 일이 아니다. 실제 통계를 보더라도 25회 차 생명보험 평균 계약 유지율(2년 보험 유지율)은 주요 보험사 기준 대략 70% 정도 수준이다. 2년 만에 가입자 중 30%는 보험을 해지한다는 얘기다. 게다가 중도 해약을 하게 되면 돌려받는 보험금이 거의 없다 보니 보험회사 배만 불려 주는 격이다. 이렇게 보험계약을 끝까지 유지해 나가기도 힘든 판국에 100세 되는 시점에 원금을 돌려받자고 2배 가까운 보험료를 낼 필요가 있을까? 2배나 되는 부담스러운 보험료는 보험을 오래 유지하지 못 하는 주요 원인 중 하나이다. 형편이 어려운 시기가 되면 해약 1순위는 결국 보험이기 때문이다.

좀 더 자세히 살펴보면, 순수 보장형과 만기 환급형 간 월 보험료는 6만 3,000원 정도 차이가 나는데 만기 환급형으로 가입했을 때 더 내게 되는 이 차액은 보험회사가 직접 운영한 뒤 만기 시 가입자에게 되돌려 준다. 문제는 수수료가 차감된다는 것이다. 이 차액의 일부는 내는 즉시 보험회사 사업비로 먼저 빠져 나가고 그 사업비를 뺀 나머지 금액으로만 운용이 된다고 하니 마이너스 상태에서 시작하는 저축이나 다름이 없다. 사업비로 빠져나가는 비율을 이해하기 쉽게 10%라 가정하면, 6만 3,000원 중에 약 6,000원은 보험회사의 사업비로 먼저 떼고, 나머지 5만 7,000원을 가지고 납입 원금을 만들기 위해 20년간 운용한다는 것이다. 그 차액을 보험회사가 운영하게 둘 필요가 전혀 없다는 얘기다.

만기 환급형을 선택하지 말아야 할 또 다른 이유는, 100세 만기 상품에 현재 나이가 50세라면 원금을 돌려받는 50년 후의 화폐 가치가 지금과는 전혀 다를 것이라는 데 있다. 그 기간 동안 물가가 오르면서 화폐의 가치는 내려갈 것이다. 과거 10년 평균 물가 상승률 2%를 반영해서 50년 뒤에 돌려받는 금액 3,048만 원은 현재 가치로 1,132만 원에 불과하다. 그리고 무엇보다 중요한 이유, 과연 100세까지 살아서 이 돈을 돌려받는다 해도 그 돈을 어디에 쓸 것인가? 결국 내 자식 좋은 일 시키겠다는 심산이 아니라면 반드시 숙고하자.

3대질병보험 제대로 가입하기

우리나라 사람들은 유독 보험 가입에 관대하다. 친구가 어렵다고 와서 부탁하면 "그래, 나도 어렵지만 네가 더 힘든 것 같으니 싼 걸로 하나 가입할게" 하는 식이다. 그러고는 보험증권을 받으면 구석에 처박아 놓는다. 이런 일이 여러 번 반복되면 매달 월급에서 소리 소문 없이 자동이체로 빠져나가는 보험 금액이 무시 못할 만큼 커진다. 나 역시 2년쯤 전에 가입한 보험증권을 찬찬히 들여다보다가 '아차!' 싶었다. 암보험 증권이었는데 보장 기간이 딱 60세까지였다. 친구가 들어 달라고 해서 이것저것 들어 주다 보니 보험 내용을 미처 확인하지 못했던 것이다.

최근 한 조사에 따르면 우리나라 국민이 기대수명인 83세까지

생존할 경우 암에 걸릴 확률은 37.4%였다. 남자(80세)는 5명 중 2명(39.8%), 여자(86세)는 3명 중 1명(34.2%) 꼴이다. 우리나라 10만 명당 암 발생률을 보면 50대까지는 완만한 흐름을 보이다가 60세 이후부터 급격하게 늘어나는 것을 볼 수 있다. 그러므로 암보험의 경우 보장 기간을 최대한 늦추되, 가능하면 평생 유지하는 것이 좋다. 나 역시 60세까지 보장되는 암보험을 해약하고 평생 보장을 받으면서 보험금이 올라가지 않는 비갱신형으로 전환하였다.

암보험은 갱신형과 비갱신형으로 구분되는데, 갱신형은 가입 초기에는 보험료가 저렴한 대신 장기간 가입 시 갱신 때마다 보험료가 인상될 수 있다. 비갱신형은 보험 만료 시까지 보험료가 인상되지 않는 장점이 있지만, 상대적으로 초기 보험료가 높은 편이다. 두 가지 상품의 장단점이 존재하므로 상품 가입 시 어느 것이 유리한지 꼼꼼히 살펴본 후 가입토록 하자. 필자의 사례에서 보듯 지금이라도 내가 가입한 암보험 증권들을 찬찬히 들여다보고 만기가 60세 또는 70세 정도로 되어 있거나, 갱신 주기가 너무 짧은 상품들은 과감히 해약하고, 100세 또는 사망 시 만기로, 재계약 시 보험료 인상이 안 되는 비갱신형 또는 갱신형 중에서도 갱신 주기가 긴 상품으로 변경하도록 하자.

한국인의 사망 원인 1위인 암, 2위인 뇌혈관 질환, 4위인 심장 질환은 질병 진단 이후 만성질환으로 오랜 시간 수술과 치료,

입·퇴원을 반복하여 의료비 부담이 생길 수밖에 없는 3대 질병이다. 이러한 3대 질환과 관련된 질병을 보장하는 3대질병보험은 국민건강보험과 실비보험만으로는 충분한 보장이 어려운 사람들을 위해 진단비, 수술비, 입원비 등을 종합적으로 보장하는 필수 보험이다. 최근에는 유전적 요인을 비롯해 환경적 요인, 스트레스 등 다양한 외부적인 이유로 3대 질병에 걸리는 연령대가 낮아지고 있어 미리미리 대비하는 것이 중요하다.

3대질병보험 또한 갱신형과 비갱신형으로 나뉘는데, 피보험자의 연령이나 상황에 따라 신중한 선택이 필요하나 50세 이후라면 갱신형보다는 비갱신형 상품을 추천한다. 이는 30대 갱신형과 50대 갱신형 상품의 내용이 달라서인데, 30대 때는 비교적 건강하기 때문에 갱신 기간이 길고 갱신 시 보험료 인상률도 낮지만, 50대는 갱신 기간도 짧고 갱신 시 보험료 인상률도 높기 때문에 초기 가입 시 부담이 되더라도 비갱신형으로 선택할 것을 추천한다.

또 요즘에는 예전보다 초기 보험료 부담이 낮은 비갱신형 상품도 많이 나와 있으므로 잘 알아보고 가입하도록 하자. 또한 납입 기간 중 해지환급금이 없는 무해지환급형을 선택하면 납입 기간 중 중도 해지 시 환급금이 발생하지 않고, 보험료 절감의 효과도 볼 수 있다. 보험은 오랜 기간 유지하는 상품이므로 가입 기간 동안 납부할 수 있는 능력이 되는지 신중하게 판단하고 결정하는 것이 무엇보다 중요하다.

보험 해약 함부로 하지 마라

단도직입적으로 말하자면, 20~30대 초반에 가입한 보험은 절대 해약하지 마라. 암보험이나 3대 질병 관련 보험 등은 젊을 때와 나이가 들어서 가입하는 경우 보험료 차이가 크기 때문이다. K인터넷보험사의 비갱신 암보험 진단 보험금 3,000만 원, 보험 기간 100세, 납입 기간 20년의 동일 조건으로 보험 나이(보통 만 나이) 30세와 50세 남성이 가입할 경우의 월 납입 보험료를 비교해 보았다.

월 납입 보험료가 2만 250원의 차이를 보였다. 20년 납이므로 20년간 차액은 총 486만 원이다. 젊어서 가입한 건강 관련 보험은 절대 해약하지 말자. 부득이 보험료를 내지 못할 상황이라면 해약보다는 효력 상실 상태를 유지한 다음 경제적 여유가 생겼을 때 계약을 되살리는 방법을 활용하는 것도 방법이다.

역대 가장 낮은 수준의 시중금리는 보험사 상품에도 큰 영향을 끼치고 있다. 역마진을 우려한 보험사들이 연금과 저축성보험의 공시이율(적용 금리)을 줄줄이 낮추고 있어서다. 하지만 소비자들이 금융 상품으로 자산 포트폴리오를 구성할 때 보험은 여전히 빼놓을 수 없는 필수 아이템이다. 10년 이상 유지하면 비과세 혜택을 제공하는 유일한 상품인 데다 각종 보장 기능까지 들어가 있기 때문이다. 다만 추후 시중금리가 더 떨어질 수 있음을 감안해 각 상품의 최저보증이율을 따져 보는 일이 더욱 중요해졌다.

과거 생명보험사들이 판매한 연금이나 저축성보험 중에 비교적 높은 수준의 확정금리를 지급하는 계약을 유지하고 있다면 해지하지 않도록 주의해야 한다. 확정금리형 상품 중에는 최고 연 10% 안팎의 높은 금리를 지급하는 저축성보험이 적지 않다. 삼성생명만 해도 이런 고금리형 상품이 수십조 원 규모인 것으로 알려졌다. 이런 고금리 상품을 갖고 있다면 연금 개시 시점 또는 계약 만기까지 깨지 않는 게 좋다. 금융권을 통틀어 더 높은 금리를 주는 상품을 찾는 게 사실상 불가능하기 때문이다.

만약 급전이 필요하다면 차라리 보험계약대출을 받는 게 낫다. 확정금리형 보험 상품을 담보로 대출을 받는다면 적용 금리에다 연 1.5~2.5% 포인트의 이자를 추가로 얹어 주면 된다. 보험사마다 대출금리 상한선이 있는 만큼 적용 금리보다 오히려 낮은 금리로 대출을 받을 수도 있다. 간혹 보험사들이 이 확정금리형 계약 대신 추가 혜택을 강조하면서 신상품 가입을 유도하는 경우가 있는데 이때는 만기 시 실제로 받을 수 있는 금액을 놓고 비교해 봐야 한다.

필자의 경우 1994년 7월 S생명보험의 '그린장수축하연금보험'에 가입하고 매월 9만 3,300원씩 12년을 납부, 총 1,343만

5,200원의 보험금을 완납했다. 연금을 타는 시점은 보험금 납입이 완료된 다음 해인 2016년이었는데, 그해 225만 원을 받았고 이 금액이 매년 7만 5,000원씩 늘어 11년차가 되는 2026년부터는 매년 300만 원씩을 종신토록 받을 수 있고, '장수축하금'이라는 이름으로 만 70세, 77세, 80세, 88세에는 각각 450만 원, 600만 원, 750만 원, 900만 원을 받게 된다. 물론 암이나 재해로 인한 사망, 장해 시 보험금은 별도이다. 만약 만 88세까지 살아서 보험금을 받는다면 총 받는 보험금은 1억 1,287만 5,000원이다. 물론 인플레이션도 감안해야겠지만 8배 이상을 받는 셈이다.

보험료를 납입할 당시 정기예금 금리에 연동하여 운용했으니 지금 같은 저금리 시대에 이런 고금리로 보답하는 상품은 도저히 있을 수가 없다. 지인의 부탁으로 반강제로 가입했던 상품이라 중간에 해약할까도 고민한 적이 있지만 지금 생각하면 그 좋은 상품을 중간에 해약하지 않은 게 얼마나 다행인지 모른다.

잘못 가입했다면 무효화하라

지인의 부탁이나 주변 소개로 가입한 보험들이 하나둘 늘어나면 어느 순간 어떤 보험을 어떻게 들었는지 잊게 된다. 가입한 지 이미 상당한 시간이 지난 보험 상품은 돌이키기 힘들지만, 앞으로는 이 점을 명심하자. 잘못 가입했다고 판단되는 보험은 무효화할 수 있다.

한 달에 정기적으로 나가는 돈이 100만 원이었는데, 지인의 간곡한 부탁으로 보험을 하나 들면서 다달이 120만 원이라는 돈이 통장에서 나가게 된다면? 20만 원은 어떻게 보면 적은 돈이지만 그 돈으로 살 수 있는 주식과 가입할 수 있는 펀드 등을 생각하면 결코 적은 돈이 아닐 수 있다.

보험사는 보험 상품 가입 시 고객이 올바른 정보를 제공하지 않아 계약상 문제가 된다고 판단하면 계약을 무효화할 수 있다. 반대로 고객의 경우도 가입 권유를 받아 계약을 하고 보니 내가 원했던 상품이 아니거나 나중에 알고 보니 생각했던 내용과 다른 경우 계약을 취소할 수 있는 권리가 있다. 바로 청약철회와 품질보증 제도이다.

청약철회는 보험증권을 받은 날로부터 15일 이내, 청약을 한 날로부터 30일 이내에 가능하다. 아무런 조건도 이유도 필요 없다. 생각해 보니 가입할 필요가 없다고 판단되면 신청할 수 있다. 회사는 청약철회를 신청한 날로부터 3일 이내에 보험료를 돌려주어야 하며 늦어진 경우에는 이자를 더해 지급해 주어야 한다. 단, 청약철회를 할 수 없는 경우가 있다.

ㄱ) 자동차보험의 의무보험

ㄴ) 보험 기간이 1년 미만인 계약

ㄷ) 건강진단을 받고 가입한 계약

ㄹ) 단체보험

그런데 청약철회를 하고 나서 보험 사고(질병, 상해 등)가 발생한 경우에는 이미 계약이 소멸되어 보상을 받을 수 없을까? 사고 발생 사실을 모르고 청약철회를 한 경우는 보험 계약을 그대로 유지할 수 있고 보상도 받을 수 있다. 청약철회는 아무 조건 없이 할 수 있지만, 품질보증제도는 일정한 요건에 해당돼야 한다. 다음과 같은 경우에 계약 취소가 가능하다.

ㄱ) 자필 서명을 하지 않은 경우

ㄴ) 약관 및 계약자용 청약서를 받지 못한 경우

ㄷ) 약관의 주요 내용을 설명하지 않은 경우

위 조건에 해당되는 경우 청약일로부터 3개월 이내에 계약 취소를 요구할 수 있으며, 이 경우에도 계약자는 불이익 없이 납입한 보험료와 이자를 돌려받을 수 있다. 조금씩 노후를 준비해야 할 50대, 불필요하다고 판단되는 보험은 재빨리 해약 혹은 취소하자. 가입한 보험이 원하는 내용과 다르거나 장점만을 부각한 불완전 판매에 의해 가입한 보험은 품질보증 해지를 통해 해약이 가능하고 납입한 돈도 다 돌려받을 수 있으니 소비자에게 주어진 권한을 잘 활용토록 하자.

추천 보험

돈을 많이 낸다고 해서 다 좋은 보험은 아니다. 커피 한 잔 가격도 안 되는 보험료를 자랑하는 이른바 '미니보험'의 존재를 모르는 중장년층이 많은데, 온라인 판매와 특정 담보만을 보장하는 방식으로 보험료를 대폭 낮춘 미니보험은 가성비는 물론 장기 납입 부담이 적다는 장점도 있고 담보가 줄어드니 오히려 보장 내용을 알기 쉽다는 소비자 평가도 나온다. 보험료 부담으로 해마다 보험 해약률이 늘어나고 있는 요즘, '짠테크족'의 주목을 받고 있는 미니보험에는 어떤 것들이 있을까?

가장 파격적인 보험료로 눈길을 끄는 보험은 처브라이프생명이 내놓은 'Chubb오직유방암만생각하는보험'이다. 말 그대로 모든 암 질환 가운데 '오직 유방암'만 보장해 준다. 대신 보험료는 그야말로 '껌 값'이다. 50세 여성 기준 월 2000원에 불과하다. 유방암 진단 시 500만 원, 절제 수술 시 수술비 500만 원을 지급한다. 유방암 수술비는 환자마다 다르기는 하지만 통상 500만 원 내외, 항암 치료비도 비슷한 수준이라는 점을 감안하면 보장이 적은 편도 아니다. 단 경계성 종양이나 다른 암으로부터 전이된 유방암은 보장하지 않는다.

MG손해보험이 보험 판매 플랫폼 스타트업 인바이유와 손잡고 내놓은 '인바이유 운전자보험'의 가격도 인상적이다. 연간 보험료가 1만 8450원, 월 기준 1500원 꼴이다. 기존 운전자보험 보험료가 월 평균 1만 원대라는 점을 감안하면 15% 수준이다. 가입 기간은 1년으로, 장기 가입으로 인한 부담이 적다. 운전자보험 핵심이라고 할 수 있는 교통사고 처리 지원금은 최대 3,000만 원까지 보장된다.

낮은 보험료의 비결은 역시 '선택과 집중'이다. 자동차 사고 성형 수술비, 자동차 사고 화상 진단비 등 실제 보험금 지급 사례가 적다고 판단되는 특약은 제외했다. 보험 공동구매 방식도 보험료를 낮출 수 있었던 요인 중 하나다. 인바이유는 자체 플랫폼을 통해 확보한 다수 구매력을 바탕으로 가입자에게 보다 유리한 조건으로 MG손해보험과 계약할 수 있었다.

에이스손해보험은 고령화 시대에 맞춘 'Chubb다이렉트우리부모지킴이보험'을 내놓았다. 가전제품 수리와 보이스 피싱(전화 금융 사기)에 취약한 노령 가구에 주목해 개발한 상품이다.

6대 가전제품 고장 수리 비용과 보이스 피싱으로 인한 피해액을 각각 최대 100만 원까지 보장한다. 월 보험료는 2,500원, 피보험자 연령은 50~86세다. 3년 만기 보험으로 순수보장형이다.

모든 골프인들의 일생 소원인 '홀인원'. 하지만 막상 성공하더라도 마냥 기뻐할 수만은 없는 게 사실이다. 사회 분위기상 크게 한턱내야 하는데 그 비용이 만만찮기 때문이다. MG손해보험이 판매 중인 '원샷골프보험'은 홀인원 성공으로 피치 못하게 짊어져야 하는 행복한 부담을 덜어 준다. 1회성 보험으로 5,000원을 내면 증정용 기념품 구입 비용, 축하 파티 비용, 동반 캐디에게 주는 축의금 등에 한해 150만 원 한도로 보장한다.

MG손해보험은 "레저 활동이 보편적인 취미 생활로 정착하면서 관련 보험 수요가 크게 늘어나고 있다. 종목을 불문하고 레저 활동 중 일어날 수 있는 각양각색의 사건 사고와 손해를 보장할 수 있는 미니보험 개발에 박차를 가하고 있다"고 설명했다.

소비자 수요가 많은 입원비와 수술비를 따로 떼어내 값을 낮춘 상품들도 있다. 입원·수술비는 대부분 주 계약에 더해 갱신형 특약 형태로 부가되는 경우가 많았다. 국내 유일 온라인 전문 보험사 교보라이프플래닛생명의 'e입원비보험'과 'e수술비보험'은 80세 만기 20년 납입 시 성별과 연령에 상관없이 월 7,000원 이하의 보험료로 보장받을 수 있다. BNP파리바카디프생명의 '건강e제일입원보험'과 '건강e제일수술보험' '건강e제일상해보험'도 5,000원 미만 보험료로 가입 가능하다.

저렴한 보험료로 주목받는 '미니 보험'			
보험사	보험상품	보험료	주요 보장내용
처브라이프생명	Chubb오직유방암만 생각하는보험	월 180원 (20세 여성 기준)	진단 시 500만 원, 수술비 500만 원
MMG손해보험	안바이유운전자보험	월 1,500원	교통사고 처리 지원금 최대 3,000만 원
현대해상	인바이유원샷골프보험	1회 5,000원	홀인원 성공 시 최대 150만 원
	아야올모바일스키보험	1회 2,300원 (3일 보장)	스키 상해·골절·배상책임
에이스손해보험	chubb다이렉트 우리부모지킴이보험	월 2,500원	가전저품 수리비·보이스피싱 피해

BNP파리바 카디프생명	건강e제일입원보험 건강e제일수술보험 건강e제일상해보험	월 5,000원 이하 (40세 기준)	입원·수술 보험금 지급
교보라이프	e입원비보험 e수술비보험	월 7,000원 이하	입원·수술 보험금 지급

Chapter · 2

50부터 잃지 않고
돈 굴리는
투자 상품 총정리

·1·
먼저 알아두어야 할 절세 상품, 'ISA'의 모든 것

50대가 가까워지면 슬슬 앞날이 걱정되기 시작한다. 물론 20대에도, 30대에도, 또 40대에도 앞날은 걱정됐다. 돌이켜보면 그때는 현재보다 더 풍족한 삶을 누리겠다는 꿈이 있었다. 그런데 50대가 겪는 앞날에 대한 걱정은 현실적이다. 생계를 꾸려나가면서 노후까지 걱정해야 한다. 누구보다 열심히 살았다고 자부하지만 문득 모아 둔 돈이 별로 없다고 느낄 때 드는 자괴감은 이루 말할 수가 없다. 게다가 대부분 50대는 이제 돈을 모으기에는 늦은 시기라고 생각하는 경우가 많다. 하지만 돈 굴리기는 50에 시작해도 전혀 늦지 않다.

몇 년 전부터 주식 열풍이 불면서 주식 투자를 시작하는 20대, 30대 젊은 친구들이 많아졌다. 비트코인으로 대표되는 가상 자산도 마찬가지다. 이들은 주로 유튜브나 책으로 주식이나 비트코인을 공부하며 이른 나이에 충분한 재산을 모은 뒤 직업 전선에서 물러나기도 하는데 조기 은퇴를 뜻하는 '파이어족'이라는 신조어가 등장할 정도다. 지금 50대가 20대일 때는 '투자'에 대한 인식이 지금과 같지 않았다. 부동산 투자든 주식 투자든 투자라고 하면 돈을 다 잃을 수도 있다고 겁부터 내던 시절이었다. 지금처럼 투자에 대한 지식을 얻을 수 있는 매체도 많지 않았다. 그래서 '돈 모으기'에 대한 인식이 요즘 젊은 세대에 비해 보수적이다.

그렇다면 50대가 돈을 모으기는 이미 늦은 것일까? 분명히 말하지만 결코 늦지 않았다. 50대가 되면 적지 않은 돈을 월급으로 받는다. 사업도 마찬가지다. 물론 많이 버는 만큼 지출 규모도 달라지기 때문에 50대의 돈 모으기는 새로운 철학으로 접근해야 한다. 한 번 크게 잃으면 젊은 시절보다 타격이 크기 때문에 '하이 리스크, 하이 리턴' 투자 방식보다는 안전한 투자가 필요하다.

본격적인 돈 모으기를 시작하기에 앞서 투자 자산의 투자 위험과 기대수익률에 대해 알아보자. 모든 투자 상품은 기대수익률이 존재함과 동시에 투자 위험이 존재한다. 기대수익률과 투자 위험은 서로 반비례하는 성향을 보이는데, 은행 정기예금은 가입과 동시에 확정된 금리를 보장하는 상품으로 투자 위험은 없지만 기대수익률이 가장 낮은 상품이다.

국공채는 정부나 지방자치단체가 발행한 채권으로 대한민국 정부가 모라토리엄(국가 부도 사태)을 선언하지 않는 한 약속된 금리를 받는 채권으로서, 투자 위험이 아주 조금 있는 만큼 기대수익률이 은행 금리보다 높은 편이다. 회사채는 기업이 발행하는 채권으로 회사가 부도 처리되면 원금을 돌려받지 못하는 위험성이 존재하므로 기업의 신용 등급에 따라 금리에 차이가 있는데, 신용도가 높아 부도 위험이 낮은 기업의 채권은 거의 국공채 금리와 맞먹지만 신용도가 낮아 부도 위험이 높은 기업의 경우 금리가 매우 높은 편이다.

주식은 증권거래소 시장에서 거래되는 주식을 매수함으로써 그 회사의 주주가 되는 것인데, 주가는 하루에 최대 상승폭(+30%)과 하락폭(-30%)을 왔다 갔다 할 수 있다. 부도가 나면 휴지 조각이 되어 한 푼도 돌려받지 못 하는 경우가 생길 수 있으므로 가장 위험한 투자 자산이면서 높은 기대수익률을 가진 자산이라고 볼 수 있다. 예를 들어서 삼성전자 10주를 10만 원에 샀다고 가정했을 때 그 주식은 하루 동안 13만 원 또는 7만 원까지 주가가 변동함으로써 하루 사이에 원금이 (+)(-) 30%를 왔다 갔다 하는 상품인 것이다.

50대는 다양한 투자 상품에 대해 공부한 뒤 원금을 지키고, 안정적인 방향으로 운용이 가능한 투자 계획을 세워야 한다. 그렇다고 은행의 정기예금만 믿고 있기에는 물가 상승률도 따라가지 못하는 한계가 있다. "50대인데, 안전한 상품 뭐 없을까요?" 은행권에서 근무하다 보니 자주 듣는 질문이다. 지금부터는 직장 생활을 하며 얻은 경험을 토대로 안전한 자산부터 시작하여 위험이 높아지는 순서로 확실하게 검증된 상품을 소개하고자 한다.

추천! 세금우대 정기예금 상품

은행 등 제1금융권의 대표적인 세금우대 상품으로 '장마저축'과 '재형저축'이 있었다. 내 집 마련을 위해 주택청약종합저축과 더불어 필수로 가입을 해야 하는 금융 상품이 바로 장기주택마련저축(일명 장마저축)이었는데, 2013년 이후부터는 가입이 불가능해졌다. 근로자 재산 형성 목적으로 도입된 재형저축도 '개인종합자산관리계좌' 즉 ISA의 도입으로 폐지되면서, 제1금융권의 세금우대 상품은 사실상 없어진 셈이다.

비과세 혜택은 누구나 누리고 싶은 금융 혜택 중 하나다. 일반 시중은행이나 저축은행에선 예·적금을 통해 이자를 받으면 15.4%의 이자소득세를 뗀다. 주식 투자로 배당을 받아도 마찬가지로 15.4%의 배당소득세를 뗀다. 부동산이나 주식에서 시세차익을 얻어도 세금이 붙는다. '이익 본 곳에 세금이 붙는다'는 조세

원칙 때문이다. 그런데 만 19세 이상 일반인이 비과세 혜택을 받을 수 있는 금융회사가 있다. 바로 상호금융회사 회원(조합원)이 되는 것인데, 상호금융사는 새마을금고, 신협, 단위농협, 축협, 산림조합 등을 아우르는 표현이다. 저축은행과 함께 제2금융권으로 불린다.

새마을금고와 단위농협, 수협, 신협에서 취급하는 '세금우대예탁금'은 소득세와 농어촌특별세를 합친 15.4%가 아닌 농어촌특별세 1.4%만 내면 된다. 쉽게 말해 14만 원의 세금을 아낄 수 있는 것이다. 출자금(1,000만 원 한도)에 대한 배당금은 100% 비과세이다. 가입은 준조합원으로 등록하고 가입비(1,000원~1만 원)를 내고 출자금 통장을 만들면 되는데 이 출자금은 탈퇴할 때 전액 돌려받으니 신경 쓸 필요가 없다.

53세 장 씨의 예를 들어보자. 장 씨는 1,000만 원의 출자금을 내고 새마을금고 회원이 됐다. 상호금융사 출자금은 1만 원부터 최대 1,000만 원까지 납입할 수 있고, 탈퇴 시 돌려준다. 1년이 지나고 장 씨는 납입한 출자금에 대한 배당금과 이용고배당금을 준다는 소식을 접했다. 배당률은 4.3%에 달했고, 이용고배당금은 1점당 60원이었다. 이용고배당은 출자금을 납입한 해당 상호금융에 예·적금을 들었을 경우 수신에 기여한 대가로 얻는 추가수익이다. 이 배당금과 이용고배당금에 대해서는 세금을 하나도 내지 않았다. 이는 조세특례제한법의 적용을 받기 때문에 가능한 것으로 이 법에 따르면 상호금융사에서 받은 배당금에는 '배당소득세(14%)'가 면제된다. 1,000만 원을 출자금으로 낸 장 씨는 연 3%의 배당, 즉 30만 원을 받게 되는 것이다.

제2금융권의 저축 상품들은 1년에 몇 번씩 시행하는 특판 상품을 통해 가입할 경우 제1금융권보다 훨씬 높은 금리와 낮은 세율로 좋은 조건의 이자 혜택을 누릴 수 있다. 제2금융권도 원금과 이자는 5,000만 원까지 예금자 보호가 적용되나, 세금우대 한도는 1인당 3,000만 원까지만 해당된다. 이 부분을 잘 생각하고 3,000만 원 이내에서 안전하게 가입하자. 장 씨는 새마을금고 외에도 내가 소개한 제2금융권에 3,000만 원을 예금했다. 그 전까지 장 씨는 가진 돈을 은행에 그냥 묵혀 두고 있었다. 3% 예금에 들었다고 가정하면 세금 우대 1.4%, 이자는 88만 7,400원이다. 일반과세면 세후 76만 1,400원으로 줄어든다. 무려 12만 6,000원 차이다. 하루를 일해야 벌 수 있는 돈이 세금으로 빠져나가고 있었던 것이다.

절세 통장 'ISA'의 모든 것

과거 서민들의 재산 형성을 위해 정부에서 선보인 소득공제장기펀드와 재형저축은 현재 일몰된(가입이 불가능한) 상품들이다. 대신 정부에서 이를 대신할 비과세 저축 상품을 새로 만들었는데,

이것이 바로 개인종합자산관리계좌(Individual Savings Account), 즉 ISA이다.

50대에서 왜 ISA가 중요할까? 답은 절세에 있다. ISA는 정부가 국민의 재산 증식을 목표로 내놓은 절세 통장인데, 최소 3년 가입 기간 중 발생한 이자·배당소득 200만 원까지는 비과세되고, 초과 금액에 대해서는 분리과세 세율(9.9%)이 적용된다. 일반 세율(15.4%)보다 낮아 유리하다. 한도는 연 2,000만 원씩, 최대 1억 원이다. 즉 ISA의 가장 큰 혜택은 계좌에서 발생한 손익을 모두 계산(손익통산)해 순이익의 200만 원(서민·농어민형은 400만 원)까지 과세하지 않는다는 것이다. 비과세 한도 초과 순이익에 대해서는 9.9%의 저율 분리과세 혜택도 제공된다.

현금 보유량이 꽤 있는 중년 세대에게는 이만한 통장이 없다. 지금도 국내 주식과 국내 주식형 펀드에 투자해 발생한 소득(매매차익)은 대주주(한 종목당 10억 원 이상 보유)가 아니라면 비과세된다. 따라서 ISA로 투자하거나 일반 주식계좌로 투자하거나 동일하다. 주식 투자로 손실이 발생하고 펀드로 이이이 났을 때 ISA의 손익통산 효과가 발생한다. 또 배당금에 대해서는 일반 주식계좌에서는 15.4%의 세금이 부과되지만 ISA에서는 손익통산 적용을 받는다는 장점이 있다.

지금부터 ISA 계좌가 무엇인지, 그리고 ISA의 장단점은 무엇인지 꼼꼼하게 살펴보자. 개인종합자산관리, 즉 ISA는 절세를 통해 재산 형성을 돕는 목적으로 제도화한 상품 중 하나다. 하나의 계좌에 예금·펀드(ETF, 리츠 포함)·주가연계증권(ELS) 등 다양한 금융 상품(예금, 적금, 펀드)을 담을 수 있으며, 발생한 이자소득, 배당소득에 대하여 비과세 혜택을 주는 상품이다. ISA 계좌를 활용하는 궁극적 이유는 타 금융 상품에 비해 세금을 절약할 수 있다는 것이다.

ISA는 금융소득 2,000만 원 이상 고액자산가들의 계좌 가입이 제한되지만 일반 투자자들의 경우 19세 이상이면 누구나 가입할 수 있다. 게다가 혜택도 늘었다. 2023년부터 5,000만 원 넘는 금융투자 소득에 대해 과세가 시작되지만, ISA 계좌를 통해 투자하면 국내 상장 주식을 양도하거나 국내 주식형 공모 펀드를 환매해 수익이 나도 세금이 부과되지 않는다. 예를 들어 일반 증권계좌에서 주식에 투자해 1억 원의 수익을 냈다면 5,000만 원(기본공제)을 제외한 나머지 5,000만 원에 대해 20% 세금이 부과돼 1,000만 원을 내야 하지만, ISA 계좌를 통해 투자했다면 세금이 부과되지 않는다. 납입 한도는 연 2,000만 원이며 5년간 최대 1억 원까지 가능하다. 미납입분은 5년 한도로 이월할 수 있다. 이러니 '만능 통장'이라는 말까지 나올 정도다.

ISA는 금융소득종합과세 대상자는 가입이 불가하나, 연간 금융소득(이자·배당 등)이 2,000만 원 조금 못 미치는 사람들에게는 훌륭한 절세 수단으로 활용될 수 있다. ISA 상품을 통한 수익은 금융소득종합과세에 합산되지 않고 분리과세되기 때문에 금융소득이 비교적 많은 50대가 활용하기에 좋은 상품이라고 볼 수 있다. 아래 예시를 통해 비교해 보자.

기존에 약 1,900만 원의 배당소득을 받는 A 씨가 일반 금융 상품에서 1,000만 원의 금융소득을 올릴 경우 이 소득은 금융소득종합과세에 합산되어 세금 폭탄을 맞을 수 있는데, 같은 금융 상품이라도 ISA를 통해 소득을 올렸을 경우에는 금융소득종합과세에 합산되지 않기 때문에 세금 폭탄을 피할 수 있다. 증권사에서는 고객 유치 차원에서 고금리 RP(환매조건부채권, 즉 채권을 발행해서 조건을 충족하면 일정 기간이 지난 뒤 증권사가 다시 되사주는 채권이기 때문에 안전하다) 상품을 ISA 전용으로 내놓는 경우가 있는데, 만기 3개월짜리 연이율이 3~5% 수준까지 나온다. 이런 정도의 이율이라면 ISA 수수료를 고려하더라도 은행의 예·적금보다 좋은 수익률이다. ISA는 1만 원만 입금해도 가입이 가능하다. 이를 활용하여 가입 후 만기가 다가올 때까지 계좌를 묵혀 두었다가, 만기 몇 달 전부터 계좌에 투자금을 입금하고 상품에 가입하는 것도 괜찮은 방법이다.

ISA 계좌에 가입하기 위해서는 아래 2가지 요건을 모두 충족해야 한다. 금융소득종합과세 대상자는 개인별 연간 금융소득(이자, 배당소득)이 2,000만 원을 넘는 경우로, 연간 2,000만 원의 이자를 받는 사람이라면 은행예금(연이율 1.2% 가정)으로 약 17억 원 이상을 보유하고 있다는 뜻이다.

> 1. 만 19세 이상 또는 작년 연도 근로소득이 있는 만 15~19세 미만 대한민국 거주자
> 2. 직전 3개년 중 1회 이상 금융소득종합과세 대상이 아닌 자

ISA는 크게 3가지 유형으로 가입할 수 있으며 각 유형마다 받을 수 있는 세제 혜택이 다른데, 서민형이나 농어민으로 가입할 경우 비과세 한도가 기본 200만 원에서 400만 원까지 늘어난다.

ISA 가입 유형 3가지

가입 유형	일반형	서민형	농어민
가입 요건	기본 ISA 가입 요건과 동일	총 급여 5,000만 원 또는 종합소득 3,500만 원 이하 거주자	종합소득 3,500만 원 이하 농어민
비과세한도	200만 원	400만 원	400만 원

ISA는 3년이라는 의무 가입 기간이 존재하는데 만약 이 기간 내에 ISA를 해지할 경우 세금 혜택을 받지 못하지만, 납입한 원금 이내에서는 횟수 제한 없이 자유롭게 중도 인출이 가능하다.

> · **중도 인출** : 납입 원금(가입일로부터 납입한 금액 합산) 이내의 범위에서 횟수 제한없이 자유롭게 중도 인출 가능
> · **중도 해지** : 납입 원금을 초과하여 중도 인출할 경우, 중도 해지로 간주하여 비과세 혜택을 받지 못함

1년에 2,000만 원까지만 납입이 가능한데, 다만 작년에 납입한 금액이 2,000만 원 이하였다면 올해에는 1년 납입 한도 2,000만 원에 작년에 미납했던 금액까지 추가로 이월 납입이 가능하며, 이렇게 이월된 금액을 합산하여 1년에 최대 1억 원까지 납입이 가능하다. 운용 유형에는 크게 3가지가 있는데 신탁형과 중개형은 가입자가 직접 상품을 결정하는 것이고, 일임형은 가입자의 돈을 금융기관이 알아서 관리하는 것이다.

ISA 운용 유형 3가지

운용 유형	신탁형	중개형	일임형
투자 방법	가입자가 직접 투자 상품을 선택	가입자가 직접 투자 상품을 선택	가입자가 모델 포트폴리오 선택, 투자전문가의 포트폴리오로 일임운용
투자 가능 상품	예금, 펀드, ETF, ETN, 리츠, 파생결합증권, 상장 수익증권, 사채, RP 등	국내상장주식, 펀드, ETF, ETN, 리츠, 파생결합증권, 상장수익증권, 사채, RP 등	펀드, ETF 등
특징	예금 가입 가능	주식 투자 가능	전문가에게 운용을 맡김

ISA는 세금을 계산하기 위해 의무 납입 기간 동안 가입한 상품들의 손익을 합산한다. 그리고 합산한 금액에 대해 200만 원(서민형, 농어민은 400만 원)까지는 비과세, 비과세 초과분은 9.9% 분리과세를 적용한다.

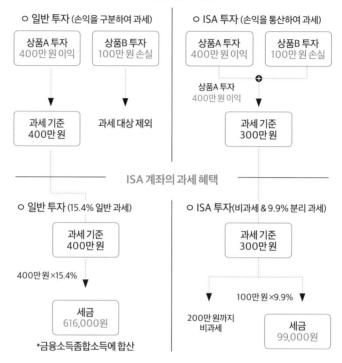

한눈에 보는 ISA 계좌의 장점

·2·
'ELS' 저금리 시대
매력 있는 투자 습관

50대가 주식 투자를 할 때는 무엇보다 잃지 않겠다는 원칙을 세우는 게 중요하다. 한몫 챙기겠다는 생각으로 급등하는 주식에 투자했다가 낭패를 보는 경우를 여럿 보았기 때문이다. 내가 아는 이 중 한 명은 퇴직금 일부인 1,000만 원을 '소문'만 믿고 한 종목에 투자했다가 장이 마감할 때 10% 넘는 금액을 잃었고, 다음 날에는 오르겠지 기대했다가 더 큰돈을 잃고 말았다. 나는 50대에는 그렇게 투자하면 안 된다고 조언하며 ELS를 추천했다.

　ELS는 주식 투자를 보다 안전하게 하는 방법 중 하나이다. 주가가 하락하더라도 일정 수준 이상으로만 하락하지 않으면 원금이 보장되고 수익을 지급하기 때문에 손실 가능성이 낮다. 물론 모든 ELS가 무조건 수익을 보장하는 것은 아니다. 2020년 코로나로 인한 공급망 교란, 2022년 러시아와 우크라이나 전쟁으로 인한 원자재와 곡물가 상승처럼 주가가 큰 폭으로 하락하면 손실을 볼 수 있다. 따라서 ELS 투자에도 꼼꼼한 투자 전략이 필요하다.

요즘과 같은 저금리 시대에 적어도 은행금리 몇 배의 수익을 올릴 수 있다는 기대감 때문에 ELS가 특히 각광을 받고 있는데 주로 증권사에서 판매하는 상품 중 주가지수나 개별 주식을 기초자산으로 하는 것을 ELS(주가연계증권)라 하고, 환율이나 일반 상품(원유, 농축산물, 광물) 등을 기초자산으로 하는 것을 DLS(파생결합증권)라고 부른다. 따라서 우리가 흔히 말하는 ELS는 기초자산이 주가지수나 개별 주식이라고 생각하면 된다. ELS(Equity Linked Securities)라고 하는 주가연계증권은 투자금의 대부분을 채권투자 등으로 원금 보장이 가능하도록 설정한 후 나머지 소액으로 코스피 200 같은 주가지수나 개별 종목에 투자한다.

쉽게 말해 ELS는 '조건부 상품'이다. 만기와 기대수익률이 처음부터 정해져 있고 조건을 충족했을 때 수익을 돌려준다. 가장 먼저 확인해야 할 조건은 하한선이다. 약속한 기간에 지수가 하한선, 즉 원금 손실이 발생할 수 있는 주가 기준인 '녹인 배리어(knock-in barrier)'를 뚫고 내려가지 않으면 수익을 내는 것이다.

ELS 가입은 어렵지 않다. ELS 청약은 영업점 및 증권사 홈페이지, HTS, 스마트폰으로 가능하며 증권사 대표 계좌가 있다면 해당 메뉴에서 상품을 찾아보고 청약을 진행할 수 있다. 청약 기간, 상품명, 상품 유형, 기초차산, 특정 조건 등을 비교하여 결정하자. 예를 들어 코스피200을 기초자산으로 하는 3년 만기 상품의 녹인 배리어가 45%인 경우, 3년 내 코스피200 지수가 현재의 45% 이하 수준으로 내려갈 가능성이 거의 없다는 데 베팅하는 것이다. 그 아래로 내려갔다가 일정 수준을 회복하지 못 하면 만기 시 지수 하락 폭 만큼의 손실을 떠안아야 한다.

이때 주가지수 옵션은 상승형과 하락형 등으로 다양하게 설정할 수 있다. 옵션 투자에는 실패하더라도 채권투자에서는 손실을 보전할 수 있는 구조다. 사전에 정한 2~3개 기초자산 가격이 만기 때까지 계약 시점보다 40~50%가량 떨어지지 않으면 약속된 수익을 지급하는 형태가 일반적이다.

주가연계증권(ELS)은 증권회사가 발행하는데 법적으로는 무보증 회사채와 비슷하다. 다른 채권과 마찬가지로 증권사가 부도 나거나 파산하면 투자자는 원금을 건질 수 없다. 상환 조건은 상품마다 다양하지만 만기 3년에 6개월마다 조기 상환 기회가 있는 게 일반적이다. 수익이 발생해서 조기 상환 또는 만기 상환되거나, 손실을 본 채로 만기 상환된다.

설정되는 기초자산은 지수 형태로는 코스피200(KOSPI200), 홍콩항셍지수(HSCEI), 유로스톡스50(Eurostoxx50), 에스앤피

500(S&P500), 니케이225(Nikkei225)인 경우가 많다. KOSPI200 은 한국을 대표하는 주식 200개 종목의 시가 총액을 지수화한 것 으로 전 종목 시가 총액의 70%를 차지하기 때문에 종합주가지 수(KOSPI)의 움직임과 일치한다. HSCEI는 중국 본토 기업이 발 행했지만 홍콩 거래소에 상장되어 거래되고 있는 주식으로, 시가 총액, 거래량 등의 기준으로 선정된 40개 종목으로 구성된 지수 를 말한다. Eurostoxx50은 유럽 12개국 증시에 상장된 기업 중 50개 우량 기업을 선정하여 만든 주가지수로 독일, 네덜란드, 프 랑스 등 12개 국가가 포함되어 있다.

S&P500은 국제 신용평가 기관인 미국의 스탠더드앤드푸어스 (S&P)가 작성한 주가지수로 다우존스지수와 마찬가지로 뉴욕증 권거래소에 상장된 기업의 주가지수지만 지수 산정에 포함되는 종목 수는 다우지수의 30개보다 훨씬 많은 500개로 구성되어 있 다. Nikkei225는 '니케이225 지수'라고 불리고 도쿄증권거래소 의 1부에 상장된 유동성 높은 225개의 주요 종목으로 구성되어 있는 지수를 말한다.

ELS는 기초자산이 적을수록, 주가지수와 연계할수록, 수익률 이 낮을수록 안전하다고 볼 수 있다. 기초자산의 수가 많아지면 손실 위험이 커진다고 볼 수 있는데 이는 기초자산 중 하나라도 수익 조건을 달성하지 못하면 손실이 나는 구조로 구성되기 때문 이다. ELS를 가장 많이 발행한 삼성증권의 지난 10년간 지수형

ELS의 손실 상환 비율은 0.1%다. 1,000개 상품 중 999개는 최소한 원금 보장이 됐다는 의미다. 업계에서는 ELS 시장 전체의 손실 상환 비율이 1%를 넘지 않을 것이라고 보고 있다. 코로나19로 전 세계 주가지수가 폭락했지만 삼성증권 ELS 중 녹인 구간에 진입한 상품은 한 개도 없었다.

또한 기초자산으로 개별 주식을 포함하는 경우보다 주가지수를 기본으로 설정되는 ELS가 훨씬 안전하다고 볼 수 있는데 개별 종목의 경우에는 시장리스크 외에도 기업 자체적인 리스크까지 포함하고 있어 변동성 또한 커지기 때문이다. 제시하는 수익률이 높을수록 원금 손실 가능성이 커진다는 것도 기억해야 하는데 신용 등급이 낮은 채권일수록 투자자에게 고금리를 제시하는 것과 같은 원리이다. 만기 3년의 기간을 내다봤을 때 조기 상환이나 만기 상환 확률이 낮을수록 다른 상품에 비해 고금리인 경우가 많다.

결론적으로 ELS 투자는 기대 수익률이 낮더라도 주가 변동성이 낮은 우리나라와 선진국 시장 위주의 2~3개 지수(S&P500, Eurostoxx50, Nikkei225)를 기초자산으로 하는 상품을 선택했을 때 손실을 보지 않고 제시하는 수익률을 받을 수 있는 가능성이 높다고 볼 수 있다. ELS도 위험 요소가 전혀 없는 상품인 것은 아니지만 저금리 시대에 매력 있는 상품이니만큼 기초자산의 변동성을 잘 고려하여 또 다른 수익 창출의 기회를 찾아보도록 하자.

아래는 ELS 실제 판매 사례이다.

사례1)

하이투자증권은 8월 25일부터 9월 1일까지 주가연계증권(ELS) 2종을 총 30억 원 규모로 공모한다고 25일 밝혔다. 이번에 공모하는 ELS 중 '하이 ELS 2708호'는 코스피200 지수와 홍콩항셍 지수, 유로스톡스50 지수를 기초자산으로 하는 3년 만기 6개월 단위 조기 상환형 ELS이다.

자동 조기 상환 평가일에 모든 기초자산의 종가가 최초 기준 가격의 90%(6개월), 90%(12개월), 85%(18개월), 85%(24개월), 80%(30개월), 65%(36개월) 이상이면 최대 12.60%(연 4.20%)의 수익을 지급한다. 만기 시 모든 기초자산의 종가가 최초 기준 가격의 65% 이상이면 최초 제시 수익률을 지급하지만, 기초자산 중 어느 하나라도 65% 미만으로 하락한다면 만기 상환 조건에 따라 원금 손실이 발생할 수 있다.

분석 기초자산이 세 개이므로 한 개 혹은 두 개인 경우보다 연간 기대 수익이 높을 수 있으나 세 가지 모두 해당 기간 동안 기초자산 종가의 65% 이상을 충족해야 하므로 달성 확률이 낮다. 기초자산 중 두 개는 선진국 지수이나, 하나가 신흥시장 지수이므로 추천하고 싶지 않다. 최초 기준 가격의 65% 이상이면 수익을 얻는 상품인데, ELS 상품 중에는 최초 기준 가격의 50% 이상이면 수익을 얻는 상품들도 있으므로 65%라는 조건은 그리 좋은 조건으로 보이지 않는다.

사례2)

분석 기초자산이 세 개인데 모두 선진국 지수이므로 추천한다. 물론 가입 시점에 지수가 너무 올라 있다면 가입을 고민해 볼 필요도 있다. 유형 '88-88-75/55KI'는 4개월 뒤 세 개 지수 모두 기초자산 종가의 88% 이상을 달성했을 때, 8개월 뒤 세 개 지수 모두 기초자산 종가의 88% 이상을 달성했을 때, 12개월 뒤 세 개 지수 모두 기초자산 종가의 75% 이상을 달성했을 때 연 6%를 지급한다는 뜻이고, '55KI'는 가입 기간 동안 한번도 55% 이하로 떨어진 적이 없는 경우 만기 시 연 6%를 지급한다는 뜻이다.

만약 4개월 뒤, 8개월 뒤, 12개월 뒤에 88%, 88%, 75% 조건을 달성치 못하고, 가입 기간 동안 한 번이라도 55% 이하로 떨어진 적이 있는 경우 만기 시점에 세 개 지수 중 가장 낮은 지수만큼 손실이 발생한다. 예를 들어 기초자산의 기준 가격이 S&P500 4500p, KOSPI200 400p, EuroStoxx50 4000p였는데, 종가가 S&P500 3,500p, KOSPI200 200p, EuroStoxx50 3000p라고 가정하면, 손실률이 S&P500은 -1000/4500=-22.2%, KOSPI200은 -200/400=-50%,, EuroStoxx50은 -1000/4000=-

제1418회파생결합증권(주가연계증권)

[고위험] [원금비보장형]

- **예상수익률** 최대 연 6.00%(세전), 최대손실률 -100%
- **유형** 만기1년 조기상환형(88-88-77/55KI)
- **기초자산** S&P500, KOSPI200, EuroStoxx50

특징
만기1년 지수형 ELS

유형	만기1년 조기상환형(88-88-75/55KI)
기초자산	S&P500, KOSPI200, EuroStoxx50
만기/상환주기	1년 만기/4개월마다 조기상환 기회
수익률	조건 충족 시: 연 6%(세전) 조건 미충족 시: 최대 -100%(원금손실 가능)
청약기간	20202/07/28~2020/0731
최소청약금액	1.000,000원
발행일	2020/08/03

25%로 가장 낮은 지수의 손실률인 -50% 만큼 손해를 보게 된다. 만기가 1년이고, 55% 조건이므로 앞선 사례1)보다는 연 수익률을 달성할 가능성이 높다고 볼 수 있다.

눈을 씻고 잘 찾아보면 더 안전하고 괜찮은 수익까지 보장하는 ELS 상품들이 있다. 대표적으로 원금보장형 ELS 상품이 그것이다. 원금보장형 ELS 상품은 '주가연계파생결합사채'로 'ELB'라

불린다. 보통 원금비보장형의 ELS 수익률이 4~6%대, 원금보장형의 경우 2~3%대로 일반적으로 원금 비보장형 상품이 원금 보장형보다 높은 수익률을 보인다.

예를 들면 키움증권의 원금보장형 ELS 상품의 경우 ELS 수익률이 5.6%로 1,000만 원을 투자하면 1년에 이자수익 56만 원을 올릴 수 있다. 반면 은행에 맡긴다면 12만 원 내외로 줄어들게 된다. 56만 원의 기대수익률을 온전히 달성할 수 없다 해도 원금보장형 ELS 상품의 가장 큰 장점인 원금 손실 불안감 없이 투자를 할 수 있다는 것이 가장 큰 장점이다. 또 다른 상품으로 한때 '핫'했던 '현대 원금보장형 ELS' 상품을 살펴보면, 기대수익률이 2~14.4%로 1,000만 원을 투자했을 때 최소 20만 원의 이자수익을 얻을 수 있고, 잘 되면 144만 원가량의 수익을 얻을 수 있다.

이렇듯 다양한 원금보장형 ELS 상품에 대한 정보를 평소 꾸준히 지켜보다가 괜찮은 상품이 출시되었을 때 가입하여 은행 예금보다 높은 수익을 누려 보자.

· 스텝다운형 ELS

ELS의 다양한 수익 구조 중 대표적인 상품이다. 만기 이전에 일정 기간별로 조기 상환의 기회가 부여되는 특징이 있다. 기초자산의 주가가 조기 상환 여부를 결정하는 날에 일정 수준 이상이면 정해진 수익과 원금을 지급한다. 이때 기준이 되는 주가의 일정 수준은 만기에 가까울수록 단계적으로 낮아진다.

ELS는 수익 여부를 결정하는 기초자산의 구분에 따라 종목형과 지수형으로 나뉜다. 삼성전자·현대자동차와 같은 개별 종목의 주가 움직임에 따라 수익이 결정되는 것을 종목형 ELS, 한국의 KOSPI200 지수나 미국의 S&P500 지수처럼 특정 지수의 등락에 따라 수익이 결정되는 것을 지수형 ELS라고 한다.

ELS가 안전하다고는 하지만 그럼에도 손실 위험 가능성을 최대한 피하고 싶을 때 선택할 수 있는 상품이 바로 ELB다. 앞서 잠시 이야기했듯이 ELB는 'Equity Linked Bond'의 줄임말로 '주가연계파생결합사채'인데, 주식지수와 관련해서 일정한 조건을 충족하느냐에 따라 수익이 결정되는 상품으로 만기까지 보유할 경우 원금 손실이 없으며, 기대수익률은 ELS의 절반 정도인 연 2~3%대이다.

조건에 따라 낙아웃 콜&풋옵션형 ELB와 상승 낙아웃형 ELB, 원금지급 디지털형 ELB 등이 있는데, 조건을 충족할 경우 정기예금보다 높은 수익을 얻을 수 있지만 조건이 매우 까다로워서 원금 보장 이외에 추가 금리를 받기는 매우 어려운 상품이라고 볼 수 있어 투자 상품으로는 추천하지 않는 편이다.

· **3** ·

50대의 펀드는
다르다

누구나 '조물주 위에 건물주'를 꿈꾼다. 그러나 수십에서 수백억 건물에 투자하는 일이 어디 쉬운 일인가. 아파트 한 채 갖기도 쉬운 일이 아니다. 그런데 적은 돈으로 부동산 투자를 할 수 있는 펀드가 있다는 사실을 많은 사람들이 모르고 있다. 소액으로도 부동산에 투자를 할 수 있다니 정말 매력적이지 않은가. 적금에만 올인하며 부동산 투자는 남의 이야기라고 생각하고 살았다면 지금부터라도 집중하자.

소액으로도 충분히 투자가 가능한 '부동사 펀드' 시장에 급속도로 돈이 몰리면서 2020년 기준으로 약 11조 원에 육박할 정도로 그 규모가 커졌다. 부동산 투자는 크게 '직접투자'와 '간접투자'로 나뉜다. '직접투자'는 개인이 직접 투자할 부동산을 고르고 매수한 후 거주하거나 임대료를 받을 수 있는 대신 세금 및 시설 관리에 대한 부담이 따른다. 그러나 '간접투자'는 전문가에게 부동산 매입과 운용을 맡기고, 개인 투자자는 '부동산 펀드'에 투자해서 부동산에서 발생하는 수익을 받게 된다.

이러한 간접투자는 부동산 전문가의 노련한 자산 운용을 기대할 수 있고, 직접투자와는 다르게 소액으로도 우량 부동산에 투자할 수 있다는 장점이 있다. 보통 연 5~6% 수익을 기대할 수 있는데 월지급식 펀드에 가입할 경우 월 0.4~0.5%의 수익을 얻을 수 있다. 이러한 장점 덕에 펀드의 인기가 높아지다 보니 일부 상품은 예약 단계에서 마감이 되기도 하고, 판매 시작과 동시에 완판이 되기도 한다. 그 이유는 투자자 개인이 우량 부동산을 고르기 위해 애쓸 필요도 없고 목돈이 필요하지도 않기 때문이다.

여러 투자자들의 자금을 모아 전문가가 엄선한 부동산을 운용·관리하면서 이로 인해 발생한 수익금을 투자자들에게 분배하는 간접투자 상품인 부동산 펀드는, 주식형 펀드가 투자한 주식이 오르면 내 펀드도 따라서 오르는 것과 마찬가지로 기초자산인 부동산에서 발생하는 임대료가 많아지거나 매각 차익이 발생하면 수익이 발생하게 된다. 투자 대상이 바뀐 것일 뿐 우리가 흔히 알고 있는 펀드 운영의 원리와 크게 다르지 않다. 부동산 펀드는 건물의 일부를 사서 월세를 받는다고 생각하고 접근하면 좋은데 건물을 사서 월세를 받게 되면 죽을 때까지 수익이 생기는 것과 마찬가지다.

여유 자금이 충분해 노후 걱정이 없는 사람이 아니라면 요즘 대다수 50대는 인생에서 가장 바쁜 시기를 보내는 연령대다. 부동산 투자를 권하는 전문가들이 투자자들에게 첫 번째로 요구하는 덕목이 임장인데, 출퇴근하기 바쁘고 주말에 푹 쉬고 싶은 중년 투자자들이 부동산 매물을 하나씩 찾아가며 투자를 해도 괜찮을지 고민하고 판단하기에는 시간이 부족하다. 게다가 부동산 투자는 무엇보다 큰돈이 들어가는 분야로 준비 없이 시작했다가 손실을 보거나 돈이 묶이는 경우가 내 주변에도 꽤 많았다. 이런 사람들에게 나는 부동산 펀드를 권한다.

부동산 펀드에 투자를 하게 되면 다음과 같은 장점이 있다. 첫째, 우량 부동산을 직접 고를 필요가 없고, 별도로 임차인 계약을 하는 등 부동산을 직접 관리할 필요가 없다. 아무리 경험이 풍부한 50대라도 부동산 투자를 시작하기 위해서는 공부를 해야 하는데, 전문가에게 맡기면 한결 수월하게 투자를 할 수 있다. 둘째, 적은 돈으로 수백억 원 이상 되는 우량 부동산에 투자할 수 있는 기회를 갖게 된다. 셋째, 주식보다 변동성이 낮은 실물 부동산에 투자하기 때문에 상대적으로 안정적인 수익을 기대할 수 있다. 넷째, 부동산에서 매월 발생되는 임대수익 뿐 아니라 투자 대상

부동산 가격 상승 시 추가로 매매차익을 얻을 수도 있다.

부동산 펀드에는 대출형과 임대형 두 가지 유형이 있다. 대출형은 부동산 개발 사업을 하는 법인(시행사)에 필요한 자금을 빌려주고 이자를 받는 것을 목적으로 운용하는 '프로젝트 파이낸싱 (Project Financing) 방식 부동산 펀드'를 의미한다. 즉, 개인이나 기관투자자로부터 모은 돈을 부동산을 개발하는 자금으로 사용하는 것으로, 이 펀드는 분양 시장 침체로 공사가 중단되거나 분양 실적이 저조한 경우 투자금 회수에 문제가 생길 수 있다. 즉, 미분양 아파트가 늘어나면 직격탄을 맞는 게 이 대출형의 단점이다.

임대형은 부동산 펀드로 모은 자금으로 직접 업무용 부동산(오피스 빌딩 등) 또는 상업용 부동산(상가 등)을 매입하여 임대하는 방식으로, 임대수익과 시세차익을 수익으로 얻은 후 이를 다시 배분하는 구조이다. 이 펀드는 투자 부동산의 공실률이 높아지면 수익률이 큰 폭으로 하락할 수 있어, 펀드 가입 전 해당 부동산의 용도나 입지에 대한 철저한 분석이 필요하다.

부동산 펀드에 가입할 때는 다음과 같은 상황을 확인해야 한다. 나의 지인 중에서도 정말 중요한 환매 제한 기간을 제대로 확인하지 못해 낭패를 본 경우가 있다. 펀드는 중도 환매 가능 여부에 따라 '개방형 펀드'와 '폐쇄형 펀드'로 나뉘는데, 개방형 펀드는 정해진 기간 없이 언제든지 가입과 해지가 자유로운 펀드를 말하며, 폐쇄형 펀드는 수시로 환매(해지)가 불가능한 펀드로 일정 기간이 지난 후에야 환매가 가능하거나 만기까지 의무적으로 가입을 유지해야 하는 펀드를 말한다. 부동산 펀드는 일정 기간 안정적인 자금 운용을 해야 하므로 대부분 폐쇄형 펀드로, 몇 년 간은 중도에 환매가 불가능하므로 투자 시에는 '중도 환매 제한 기간'을 반드시 확인토록 한다.

부동산 펀드 또한 투자이기 때문에 분명 리스크는 존재한다. 주식보다 낮은 위험성이지만 원금을 보장하는 상품이 아니므로 펀드 내에 내재되어 있는 위험들, 즉 대출형의 경우 분양 시장 전망이 어떠한지, 수요자가 많아 분양이 잘 되는 곳인지를 살피고, 임대형의 경우 건물이 오래되어 수리비가 많이 들어가지는 않는지, 임차인의 경제적 상황이 어떠한지, 월세가 주변 건물들에 비해 비싸지는 않은지, 공실률은 어느 정도인지 등을 잘 파악한 후 가입토록 한다.

대표적인 펀드로 한화K리츠플러스부동산 투자신탁(리츠-재간접형) 펀드와 미래에셋밸런스리츠부동산펀드를 들 수 있다. 한화 K리츠플러스부동산 투자신탁은 국내 K리츠 전체에 투자하는 자산배분형 펀드로 정부의 강화된 규제 때문에 실물 부동산 보유에 부담을 느끼거나 성장주 상승세에 대한 부담으로 저평가된 투자 대상을 찾는 투자자들이 관심을 가질 만한 상품이며, 리츠 투자인 만큼 높은 배당수익률과 자산 가격 상승에 따른 자본 차익이 기대된다.

K리츠는 상장 파이프라인의 다각화 및 리츠의 신규 자산 편입 증가로 꾸준한 성장이 예상되는데, 이제 막 활성화되기 시작한 시장인 만큼 투자할 수 있는 K리츠의 종목 수가 적어 안정적인 배당 수취가 가능한 글로벌 리츠, 인프라 자산에 병행 투자 중이다.

한화K리츠플러스부동산 투자신탁은 리츠 고평가 시 채권 비중 확대로 수익률을 방어하는데, 위험자산인 리츠와 인프라 안전자산인 채권 등의 비중을 10~40%가량으로 늘리는 방식이다. 이 펀드는 2022년 5월 20일 기준 수익률이 5.37%로 부동산펀드 중 1위를 기록하고 있으며, 주요 보유 종목으로는 SK리츠, 롯데리츠, 신한알파리츠, 맥쿼리인프라, 신한서부티앤디리츠 등이 있다.

미래에셋밸런스리츠부동산펀드는 리츠(REITs)와 부동산펀드에 투자해 배당을 통한 수익과 변동성 매매를 통한 자본 차익을 동시에 추구하는 펀드로, 투자 대상의 적정 자산 가격과 실제 거래되는 주가 간 괴리가 발생할 때 고평가된 자산을 매도하고 저평가된 자산은 매수하는 변동성 매매 전략을 사용한다. 특히 리츠는 기대 배당 수익에 따라 주가 흐름이 결정되고 일정 범위 내에서 주가가 움직이는 경향이 있어 변동성 매매를 통한 수익 확대가 가능하다.

포트폴리오 편입 비율은 80%를 기준으로 하며 65%에서 95%로 편입 비율을 조절한다. 주된 투자 대상은 국내 상장 리츠와 부동산펀드다. 유동성 이슈 해소와 추가 수익 기회 확보를 위해 인프라스트럭처펀드, 해외 상장 리츠도 활용할 계획이다. 부동산 종목을 편입하지 않을 시에는 채권형 상장지수펀드(ETF)에 투자한다. 미래에셋밸런스리츠부동산펀드는 2022년 5월 20일 기준 수익률이 4.82%로 부동산펀드 중 2위를 기록하고 있다. 주요 보유 종목으로는 맥쿼리인프라, 신한알파리츠, 롯데리츠, 맵스리얼티 11.76% 등이 포함된다.

·4·
월급 받듯 안정적으로
'인컴 펀드'

인컴 펀드(Income Fund)가 인기를 끌고 있다. '인컴'은 소득이란 뜻으로 시세차익보다 이자나 배당 등 안정적인 소득을 노리는 상품이 바로 인컴 펀드다. 이런 소득을 얻을 만한 채권과 주식에 투자, '시중금리+α'의 수익률을 추구하는 상품으로 분류된다. 한국 펀드 시장에서 인컴 펀드 규모는 아직 소규모에 불과하지만 저성장, 저금리 시대를 맞이해 더욱 인기를 끌 것으로 예상된다.

인컴 펀드는 투자 자산을 '인컴' 자산과 '인컴형' 자산으로 구분한다. 인컴 자산은 일반적인 채권 투자를 말한다. 국내 채권, 해외 달러 표시 채권, 현지 통화 채권 등 대상이 다양하며 안정적인 이자소득을 목표로 한다. 몇 번 강조하지만 50대의 투자는 고위험보다 안정성이 먼저 확보돼야 한다. 그런 면에서 인컴 펀드는 딱 맞는 투자 방식이라고 할 수 있다.

인컴형 자산은 채권 이외에 안정적인 수익을 확보할 수 있는 자산을 말하는데 주로 국내외 배당주 및 우선주, 국내외 리츠(부동산 펀드) 등이 여기에 포함된다. 대부분 연말에 배당이 몰려 있는 국내 주식과 달리 해외 배당주는 월, 분기, 반기 등 다양한 구간으로 배당을 하므로 수익을 분산시키는 장점이 있다. 리츠 투자는 대부분 매월 꾸준히 발생하는 부동산 임대료 수익을 기반으로 하여 안정적인 현금 흐름을 창출할 수 있다. 일부 인컴 펀드는 10~20%로 인프라, 차익 거래, 금 투자 같은 대체 자산을 활용해 추가 수익을 확보하는데, 이렇듯 글로벌 채권, 배당주, 리츠 등 다양한 자산에 투자하는 펀드를 멀티 인컴 펀드라고 부르기도 한다.

명확한 투자처가 보이지 않는 환경에서 투자를 시작하는 50대라면 단일 자산에 투자하기보다는 다양한 자산에 위험을 분산시킨 펀드가 유리하다. 주가 상승 차익을 추구하지 않아 주식시장 등락에서 상대적으로 자유로운 인컴 펀드는 저성장, 저금리 시대에 적합한 투자 상품이다. 또한 상대적으로 위험이 낮은 상품에 투자하기 때문에 시장 변동성에도 강하다. 마치 우유나 달걀을 얻기 위해 젖소나 닭을 기르는 것과 유사하다. 높은 수익을 보장할 순 없지만 안정적인 수익을 통해 불확실성과 변동성이 높은 시장에서 특히 유리하다.

물론 인컴 펀드 역시 투자이기에 조심해야 할 부분이 있다. 인컴 펀드는 글로벌 자산에 폭넓게 투자하는 유형, 아시아와 미국 등 특정 국가의 채권이나 배당주에 투자하는 유형 등 다양하므로 투자자의 특성에 따라 상품을 선택할 수 있는데 일반적으로 소수 종목에 집중 투자하기보다는 여러 종목에 분산 투자해 위험을 줄이는 펀드가 많다. 투자에 앞서 꼭 알아야 할 것은 인컴 펀드가 여러 자산에 투자하고 있는 만큼 위험 요인도 다양하다는 점이다. 투자하는 채권의 이자나 가격의 변동 위험이 있으며 여러 국가에 투자하는 경우 법적, 정치적 변화, 환율 변동에 따른 위험에 노출될 가능성이 있으므로 주의해야 한다.

가입 기간 내 지속적으로 인컴 수익(채권이자, 주식 배당)을 창출하는 것이 중요하므로 인컴 펀드의 수익 구조가 시장 상황에 따라 어떻게 달라지는지도 체크해야 한다. 특히 주식에 펀드 자금의 절반 이상을 투자하는 주식혼합형 인컴 펀드는 주가 변동 위험에 노출되는 만큼 시장 상황을 면밀히 살펴본 뒤 투자해야 한다.

인컴 펀드 중에서는 해외 주식을 편입하는 재간접 펀드가 많으므로 배당소득세(15.4%)를 내야 한다는 점도 알아둬야 한다. 국내 주식형 펀드에 비해 다소 높은 수수료도 단점이다. 인컴 펀드는 투자 지역도 다양하고 상품별로 여러 변수가 있다는 점을 기

억하고, 서로 상관관계가 낮은 자산을 균형 있게 편입해 위험도
를 낮춘 상품인지 체크하여 안정적인 수익을 창출해 보자.

피델리티 글로벌 배당 인컴 펀드

a) 글로벌 기업에 주로 투자하여 수익(Income)과 장기적인 자본 성장을 추구하는 펀드로, 배당률과 배당 성장률이 높은 글로벌 대표 고배당주 투자를 통한 꾸준한 배당 인컴과 중장기적으로 증시 상승에 따른 자본이득을 추구한다.

b) 피델리티의 글로벌 리서치 네트워크를 활용, 전 세계 2,500개의 주식을 선별 분석하여, 기업 가치 대비 주가 수준(Valuation), 기업 이익의 안정성 및 배당률, 우량한 영업 및 재무지표를 보유하고 있는 약 50개의 고배당주에 투자함.

c) 투자자산의 모든 통화에 대하여 최고 100% 수준까지 환헤지(hedge)하여 환율 변동 위험을 방어함. 글로벌 기업에 투자하려면 달러나 유로화 등 그 나라의 통화로 투자를 해야 하는데 환율이 변동하게 되면 환율의 변동에 따라 펀드 손익에도 영향을 미치게 되므로 비용을 부담하고 환헤지를 하게 되면 환율의 변동에서 자유롭게 된다.

기간수익률

구분	1개월	3개월	6개월	1년	2년	3년	5년	설정후
수익률	1.22%	2.34%	8.58%	18.05%	18.81% (연8.99%)	37.18% (연11.10%)	52.27% (연8.78%)	86.26%
비교지수	2.12%	6.87%	13.04%	36.27%	37.14% (연17.08%)	42.94% (연12.63%)	82.57% (연12.80%)	87.71%
유형평균	2.73%	6.09%	10.06%	29.13%	38.62% (연17.71%)	44.81% (연13.12%)	83.39% (연12.90%)	
%순위	72/100	93/100	81/100	91/100	88/100	61/100	78/100	

기준일: 2021년 7월 2일

·5·
인생에 한 번은
럭셔리하게 투자하라

코로나19와 같은 전 세계적인 팬데믹 상황에서는 직장인이나 자영업자나 할 것 없이 많은 사람들이 피해를 입게 된다. 더구나 딸린 입이 많은 50대에게는 정말이지 큰 타격이다. 이 시절을 버티고 있는 모든 분들께 경의를 표한다.

그런데 이런 시국에도 돈을 버는 분야가 있다. 이 분야는 경기가 좋지 않아도 실적을 올린다. 부자들이 주로 소비하는 명품 브랜드가 바로 그것이다. 경제도 안 좋은데 부자들이 명품 브랜드에 돈을 써 댄다고 흥보거나 배 아파하지는 말자. 우리 같은 서민들은 그 자체로 돈을 벌 수 있는 기회다. 주식형 펀드에 투자했다가 나빠진 경기 때문에 큰 손실을 입은 사람들이 많은데 경기가 좋지 않아도 안정적인 수익을 얻을 수 있는 펀드가 바로 '럭셔리 펀드'다.

럭셔리 펀드 수익률 현황

*기준일: 2021년 6월 11일

펀드명	운용사	1년	연초 이후
HANARO글로벌 럭셔리S&P ETF(합성)	NH-Amundi자산운용	55.50%	20.60%
IBK 럭셔리 라이프 스타일	IBK자산운용	50.30%	11.20%
한국투자글로벌 브랜드파워펀드	한국투자신탁운용	40.30%	19.17%
에셋플러스글로벌 리치투게더	에셋플러스자산운용	39.30%	13.70%

*자료: 에프앤가이드, 금융투자협회

코로나19로 억눌렸던 소비심리가 폭발하면서 글로벌 명품 브랜드의 실적과 주가가 살아나고 있다. 사실 코로나19가 한창이던 2020년 1분기, 백화점 3사의 총매출 증가율은 마이너스를 기록했지만, 명품 매출 증가율은 모두 플러스였다. 그만큼 안정적이라는 뜻이다. 이 덕분에 명품 주식에 투자하는 럭셔리 펀드의 수익률이 고공행진 중이다. 전문가들은 글로벌 경기가 코로나19의 그림자에서 벗어날수록 명품 산업이 더 커질 것으로 전망한다.

럭셔리 산업은 경기가 좋으면 신흥시장의 부자들이 늘어나면서 매출이 늘어나고, 경기가 안 좋아도 부자들의 구매력이 크게 떨어지지 않으므로 매출이 줄어드는 영향이 적어 경기에 상관없이 매출이 꾸준히 늘어나 그에 따른 수익도 꾸준한 편으로, 배당도 일정 수준을 유지하여 주가도 꾸준한 상승세를 나타내는 특징이 있어 50대가 안정적으로 투자하기에 좋은 상품이다.

IBK자산운용의 '럭셔리 라이프 스타일' 펀드 1년 수익률도 39.6%를 기록하고 있다. 이 펀드는 LVMH, 리치몬드, 다임러AG, 페라리, 에르메스, 몽클레르 등으로 포트폴리오를 구성했다.

'한국투자글로벌브랜드파워' 펀드와 '에셋플러스글로벌리치투게더' 펀드의 1년 수익률은 각각 35.3%, 30.2%를 기록 중이다. 한국투자글로벌브랜드파워 펀드는 브랜드 컨설팅 회사 인터브랜드가 매년 발표하는 '글로벌 베스트 브랜드 100' 목록에 선정된 기업 중 주당 순이익, 재무안정성, 성장 가능성이 우수한 종목에 고루 투자한다. 에셋플러스글로벌리치투게더 펀드는 혁신과 고부가 소비를 창출하는 글로벌 1등 기업에 장기 투자하는 상품으로, 페이스북, 애플, 아마존, 알파벳 뿐 아니라 LVMH, 에르메스 등을 포트폴리오에 담고 있다.

명품 시장이 코로나19 타격을 빠르게 회복하면서 확장 국면을 보일 것으로 예상된다. 명품 산업은 가격이 올라도 수요가 줄지 않는 베블런 효과를 바탕으로 2008년 금융위기 이후에도 예상을 뒤엎고 빠른 실적 회복을 보였다. 바로 지금, 당신의 인생에 단 한 번 안정적인 수익을 얻을 수 있는 럭셔리 투자를 추천한다.

·6·
50대를 위한
추천 종목 10

우리나라의 평균 기대수명은 84세 안팎, 일반적인 직장인들의 은퇴 연령은 55~60세다. 수입 없는 20~30년이 기다리고 있으니 은퇴자금이 고민일 수밖에 없다. 은행 이자에도 기대기 어렵고, 마땅한 투자처도 없는데 모아 둔 돈도 많지 않다면 관심은 자연스럽게 주식시장 쪽을 향하게 된다. 특히나 '동학개미'로 대표되는 주식 투자자들이 등장하면서 주식 투자는 이제 명실상부 대세가 됐다. 전 국민이 적극적으로 주식시장에 합류하게 된 것이다. 그동안 주식 투자에 관심이 없던 사람들까지도 관심을 갖기 시작했다.

'50대인데, 이미 늦지 않았나?'라고 생각하지 말자. 지금 시작해도 늦지 않다. 지금 이 순간에도 누군가는 주식 투자로 수익을 얻고 있다. 직장 생활에는 정년이 있지만 주식 투자는 정년이 없다. 지금부터라도 돈이 나를 위해 일하는 시스템을 만들자.

안전하다는 것은 원금을 까먹지 않는다는 뜻이다. 그렇다면 주식은 수익은 높을지언정 손해 볼 가능성도 높은, 결코 안전하지 않은 투자 대상이다. 다만 정기예금 금리가 바닥을 기고 있는 요즘 같은 상황에서는 우량한 주식에 투자하여 배당만 받아도 정기예금 금리 이상을 누릴 수 있다 보니 너나없이 주식에 관심을 많이 갖는 것이 사실이다.

그렇다면 50대가 투자할 수 있는 안전한 주식이란 무엇일까? 여기서 얘기하는 안전한 주식은 시장이 어떻게 되든 주가가 꾸준히 우상향하여 장기 투자 시 수익을 볼 수 있는 주식을 말한다. 그런데 시장과 관련 없이 주가가 꾸준히 우상향하는 주식이 있을까? 그러려면 성장성, 확장성, 적정 가격, 업종의 매력도라는 네 가지 조건을 갖춰야 한다.

여기서 성장성이란 매출액이나 영업이익, 순이익이 작년뿐 아니라 올해, 내년, 후년에도 꾸준히 증가하는 회사를 말한다(포털 사이트의 '증권'란을 클릭하여 종목별로 '종목분석', 즉 기업정보를 검색하면 증권사의 전망 자료를 볼 수 있다). 또한 확장성은 현재 벌어들이는 돈의 규모가 앞으로도 축소되지 않고 더 확장될 분야인지를 말한다.

다음으로 적정 가격이란, 회사 실적 대비 적절한 가격을 유지하는가를 뜻한다. 아무리 좋은 주식도 너무 비싸면 투자수익을 기대하기 힘들기 때문이다. 필자의 기준으로는 영업이익 대비 매출액이 열 배 이내인 회사가 여기에 해당한다. 마지막으로 업종의 매력도라는 것은 최근 주목받는 소위 '핫한' 업종인지 아니면 오래된 사양산업인지를 의미한다. 앞의 세 가지 조건을 모두 충족해도 업종의 매력도에 따라 주가 움직임은 다르게 나타난다.

투자 전 반드시 알아 둘 것

필자가 생각했을 때 위와 같은 조건을 충족하는 국내 주식과 미국 주식이 몇 개 있는데, 그 주식들이 무엇인지 알아보기 전에 먼저 해야 할 일이 있다. 바로 자산 상태를 확인하는 일이다. 지금 나의 자산은 얼마이며, 은행 예금은 어느 정도인지, 부채 수준과 부동산 비중, 퇴직연금이나 연금저축펀드 가입은 했는지 여부 등 재정 건강을 확인할 필요가 있다.

우리나라 50대의 자산 대부분은 부동산에 묶여 있다. 부동산이 없는 시니어라도 투자 포트폴리오를 짤 때면 골치가 아프다. 많은 사람들이 이렇게 묻는다. "50대는 주식 투자 비중을 어떻게 하면 좋은가요?" 답은 하나다. 50대 이상이라면 적어도 5년 이상, 10년까지는 쓰지 않을 여유 자금으로 주식에 투자해야 한다. 그러니까 모든 자금을 '올인'하는 어리석은 행동은 절대 해서는 안 된다.

몇 해 전 주식 투자에 대한 통계에서 주식 회전율(사고 파는)이 가장 높은 세대가 바로 30대였다. 그러나 50대는 30대처럼 주식 투자를 해서는 안 된다. 무엇보다 안정적인 종목에 투자를 해야 하는데, 그러한 종목 특성상 주가가 급상승하는 일은 거의 없기 때문이다. 우량주, 우량한 성장주 등은 단기간에 수익을 얻을 수 없다. 이를테면 우리나라에서 가장 큰 기업인 삼성전자의 주가가 최근 하락세를 보이자마자 당장의 이익을 생각하는 30대는 바로 팔고 다른 종목을 찾는 경향을 보였다. 이런 패턴을 반복하면 결국 수익이 나지 않는다.

몇 해 전 한 택시기사의 이야기가 화제가 된 적이 있다. 그는 20여 년 전부터 삼성전자 주식을 조금씩 사 모아 높은 수익률을 기록해 지독한 가난에서 벗어났다고 한다. 수십 년 전 보증금 50만 원에 6만 원짜리 월세방에 살며 하루 15시간 이상 밥도 제대로 못 먹고 택시를 운전해 가족을 부양한 그는 주식이 유일한 희망이라 생각했고, 삼성전자의 주식을 계속 사 모았다.

처음 삼성전자 주식을 살 당시 주가는 현재 가치로 환산하면 2,000원 정도에 불과했는데 그 후로도 여건이 되는 대로 삼성전자 주식을 사들였고, 주식은 100주, 200주 계속해서 늘어났다. 그는 2018년 액면분할 이후 주식이 5만 4,000원에 재상장됐을 때도 주식을 샀고 이후 3만 8,000원까지 떨어졌을 때도 불안해하지 않았다. 결국 다시 오를 것을 알았기 때문이다. 실제 방송 당시 6만 원이었던 삼성전자 주식은 7만 원을 돌파했고, 현재 그는 전원주택에서 여유로운 노후를 즐기는 수십억 자산가가 됐다.

"주식의 최대 장점은 큰돈이 없어도 가능하다는 것이다. 그리고 부동산 투자에는 큰돈이 필요하지만 주식은 5만 원만 있어도 시작할 수 있다"고 말했던 그의 통찰이 놀랍다. 삼성전자가 10만 원을 코앞에 두고 8만 원까지 떨어져도 걱정할 필요가 없는 이유다. 당장 결혼도 하고 집도 사야 하는 젊은 세대는 그 기간을 이겨내기 힘들겠지만 50대라면 이것 하나만 기억하자. 아직 살날이 많이 남았다. 적어도 5년은 우량한 종목에 투자를 해 두자. 50대에게 여유 자금으로 투자를 권하는 이유다. 고정적인 수익을 원한다면 배당주에 투자하는 것도 좋은 방법이다.

50대를 위한 추천 종목 10

① **삼성전자**: 메모리 반도체 부문에서 세계 1위를 기록하고 있으며, LCD, TV, 휴대폰, 냉장고 사업 부문을 영위하는 명실상부한

국내 최고 최대 기업이다.

(단위: 백억 원)

연도	매출액	영업이익	당기순이익
2021	22,960	5,163	3,924
2022	31,999	5,693	4,346
2023	33,376	5,588	4,293

② **현대차**: 자동차와 관련 부품을 제조, 판매하는 국내 최대의 완성차 제조업체로 작년에 내연기관 자동차 생산 순위에서 세계 5위, 전기차 판매 순위 4위, 수소차 판매 순위 1위를 기록하는 등 내연기관에서 전기, 수소차 등으로 자동차의 패러다임이 변화하는 상황에 잘 대응하고 있다.

(단위: 백억 원)

연도	매출액	영업이익	당기순이익
2021	11,761	668	494
2022	13,117	846	683
2023	13,754	903	733

③ NAVER: 국내 1위의 포털 서비스를 기반으로 광고, 쇼핑, 디지털 간편 결제 사업을 영위하고 있으며, 공공·금융 분야를 중심으로 클라우드를 비롯한 다양한 IT 인프라 및 기업향 솔루션 제공을 확대해 가고 있다.

(단위: 백억 원)

연도	매출액	영업이익	당기순이익
2021	682	133	1,649
2022	820	147	138
2023	968	116	173

④ **SK텔레콤**: 국내 1위 이동통신사로 유무선 통신사업과 미디어·보안·커머스·IOT 등 New Biz 사업을 영위하는 회사다.

(단위: 백억 원)

	매출액연도	영업이익	당기순이익
2021	1,675	139	241
2022	1,741	164	103
2023	1,813	178	120

⑤ **LG전자**: 올 상반기 글로벌 생활가전 매출 1위를 달성하였으며, 실적이 부진했던 모바일 사업을 철수하고, 미래 먹거리인 전장 사업을 키우는 등 앞으로의 성장세가 기대되는 기업이다.

(단위: 백억 원)

연도	매출액	영업이익	당기순이익
2021	7,472	387	103
2022	8,298	460	255
2023	8,715	490	272

⑥ **Amazon**(AMZN, US): 세계 최대의 전자상거래 업체로, 멤버십인

프라임 회원들의 높은 충성도를 토대로 전자상거래 외에 콘텐츠 등 가입 기반 서비스를 확대 중이며, 클라우드 서비스도 점유율 1위에 올라 있다.

(백만달러)	2019	2020	2021(E)	2022(E)	2023(E)
매출액	280,522	386,064	490,322	580,739	677,183
순이익	11,588	21,331	29,670	38,505	51,182
EPS(달러)	23.01	41.83	55.85	73.08	97.44
PER(배)	77.7	64.1	66.2	50.6	38.0
ROE(%)	18.5	22.5	25.6	26.0	24.2
PBR(배)	14.4	14.4	13.0	9.5	6.9

자료: 레피니티브 아이콘 컨센서스 (비고: 비GAAP 실적 기준, EPS는 조정EPS)

⑦ Alphabet(GOOGL, US): 지주회사로 산하에 글로벌 대표 검색 사이트 Google, 그 외 신규 혁신 기업들을 거느리고 있다. Google은 검색 광고, YouTube, 클라우드, Android 등의 사업을 운영하고 있다.

(백만달러)	2019	2020	2021(E)	2022(E)	2023(E)
매출액	161,857	182,527	226,225	264,094	301,409
순이익	34,343	40,269	47,373	55,232	63,018
EPS(달러)	49.16	58.61	69.36	80.78	90.82
PER(배)	24.2	25.2	32.0	27.5	24.4
ROE(%)	18.1	14.9	20.5	20.1	17.7
PBR(배)	4.1	2.0	6.3	5.2	3.9

자료: 레피니티브 아이콘 컨센서스 (비고: EPS는 조정EPS)

⑧ **Apple**(AAPL, US): 아이폰을 중심으로 한 전자제품 및 서비스 기업으로, 글로벌 스마트폰 시장에서의 매출과 이익 점유율에서 압도적 1위를 유지하고 있으며, 자체 OS 기반 생태계와 강력한 고객 충성도로 서비스 사업을 본격화하는 단계로, 서비스 하위 사업에는 앱스토어, 아이튠즈, 애플뮤직, 애플페이 등이 있다.

(백만달러)	FY19	FY20	FY21(E)	FYO22(E)	FY23(E)
매출액	260,174	274,515	353,948	368,601	384,441
순이익	55,256	57,411	86,805	86,367	87,536
EPS(달러)	2.97	3.28	5.19	5.35	5.56
PER(배)	16.0	24.5	24.4	23.7	22.8
ROE(%)	55.9	73.7	118.6	131.5	148.4
PBR(배)	9.3	21.9	32.7	29.4	22.8

자료: 레피니티브 아이콘 컨센서스 (비고: 9월 결산, 비GAAP 실적 기준, EPS는 조정EPS)

⑨ **Microsoft**(MSFT, US): 세계 최대의 다국적 소프트웨어 및 하드웨어 기업으로 'Window'를 바탕으로 세계 PC OS시장에서 점유율 85%의 독점적 지위를 유지하고 있다. MS Office로 사무용 소프트웨어 시장도 장악하고 있다. 이외에도 비즈니스 인텔리전스 서비스 및 Xbox 게임 등의 사업을 영위하고 있으며, 2010년 클라우드 플랫폼을 출범시킨 이후 기존 사업과 클라우드를 결합해 수익 모델을 다변화하고 있다.

(백만달러)	FY19	FY20	FY21(E)	FY22(E)	FY23(E)
매출액	125,843	143,015	166,190	186,462	209.986
순이익	36,830	44.281	59,138	63,158	72.329
EPS(달러)	4.75	5.76	7.77	8.36	9.64
PER(배)	28.9	27.1	33.5	31.1	27.0
ROE(%)	39.8	40.1	53.2	39.1	35.8
PBR(배)	10.3	10.0	13.6	10.4	8.1

자료: 레피니티브 아이콘 컨센서스 (비고: 6월 결산, 비GAAP 실적 기준, EPS는 조정EPS)

⑩ASML Holdings(ASML, US): 네덜란드계 반도체 장비 업체로, 반도체 하위 공정 중에서도 회로패턴을 새기는 핵심 공정인 '노광(lithography)' 부문에 특화된 업체다. 특히 차세대 반도체 미세 공정의 핵심인 극자외선 노광장비(EUV) 분야에서 독보적인 지위를 차지하고 있어 현재 세계 반도체 장비 업체 중 EUV 생산이 가능한 유일한 기업이다.

(백만달러)	2019	2020	2021(E)	2022(E)	2023(E)
매출액	11,820	13,979	18,259	20,761	22,180
순이익	2,592	3,554	5,337	6,347	6,911
EPS(달러)	6.15	8.48	12.89	15.45	16.88
PER(배)	32.0	33.8	46.5	38.8	35.5
ROE(%)	21.0	22.4	37.5	42.3	41.2
PBR(배)	6.5	8.5	17.3	14.9	12.6

자료: 레피니티브 아이콘 컨센서스, 야후 파이넌스 (비고: 12월 결산, 비GAAP 실적 기준, EPS는 조정EPS)

·7·
코로나 이후를 전망하는
ETF 투자

50대 이후의 자산 관리에서 가장 중요한 키워드는 바로 안정성이다. 향후 일할 수 있는 기간보다 그렇지 않은 기간이 훨씬 길기에, 안정적인 은퇴 후 삶을 위해 자산을 불리는 것보다는 지키는 것에 초점을 맞춰야 한다면 전체 자산 포트폴리오의 성향은 안정적 50%, 중도적 30~40%, 공격적 10~20%의 비중으로 가져가는 게 좋다.

ETF, ELS 등의 간접투자 비중을 높여 투자할 것을 권하며, 국내에만 투자하기보다는 국내외로 고르게 투자해 위험을 분산해야 한다. 자녀 결혼 자금 등 목돈이 필요할 수 있는 때이니 만큼 포트폴리오를 짤 때 늘 유동성을 고려할 수밖에 없다. 바로 이러한 지점에서 ETF 투자는 여러 가지 장점을 갖는다.

직접 종목을 알아내고, 재무제표를 비교해 가며 투자해야 하는 주식에 비해 ETF 투자는 간접자산에 투자하면서 주식처럼 유동성을 갖는 장점이 있다. 저금리 시대 ETF의 장점은 아래와 같다.

a) 인덱스 펀드보다 저렴한 수수료

b) 소액으로 다양한 상품/분산투자 가능

c) 개별 종목의 등락에 스트레스가 없다

d) 환매수수료나 증권거래세가 없다

e) 펀드보다 빠르게 현금화 가능

ETF(Exchanged Traded Fund)는 교환 가능한 펀드라는 의미로 특정 지수를 추종하는 인덱스 펀드를 주식 유통시장인 거래소에 상장시켜 매매할 수 있도록 만든 상품으로, 지수/섹터/테마 등으로 관련 종목이 모여서 구성된 ETF를 통째로 살 수 있는 개념이므로 주식과 채권, 원자재, 통화 부동산 등 다양한 종류가 있다. 코로나 이후를 바라보는, 기대와 불안이 뒤섞인 지금 같은 변동기엔 어떤 ETF가 유망할까?

전문가들은 앞으로 수년 동안 ESG(환경·사회·지배구조)라는 키워드가 시장을 움직일 큰 동력이 되리라고 전망했다. ESG가 기

전문가가 추천한 코로나 이후 '안전벨트'될 ETF

분야	추천자 수	상장 증시	대표 ETF
ESG·친환경	5명	한국	KBSTAR ESG사회책임투자, KODEX 200ESG
		미국	뱅가드 ESG 미국 주식(ESGV), 아이셰어즈 글로벌 클린에너지(ICLN), 퍼스트트러스트 나스닥 클린에지그린 에너지(QCLN)
추천 이유			글로벌 투자 경영 트렌드인 ESG에 대한 관심은 앞으로 더 커질 전망. 미국 정부의 친환경 기업 지원책도 호재

분야	추천자 수	상장 증시	대표 ETF
리츠(부동산)	4명	한국	TIGER 부동산인프라고배당
		미국	뱅가드 부동산 ETF(VNQ)
추천 이유			미국 정부의 기반시설 투자로 리츠 전망 좋음. 중장기 적립식 배당 투자에 유망

분야	추천자 수	상장 증시	대표 ETF
S&P500 지수	4명	한국	KINDEX 미국S&P500, KODEX 미국S&P500선물, TIGER 미국S&P500
		미국	SPDR S&P500(SPY)
추천 이유			워런 버핏이 추천하는 인덱스 투자의 '정석'. 미국 바이드노믹스에 따른 긍정적 효과 기대

분야	추천자 수	상장 증시	대표 ETF
고배당주	4명	한국	ARIRANG 고배당주
		미국	뱅가드 배당 증가(VIG), SPDR S&P 배당(SDY)
추천 이유			금리 인상기를 앞두고 안정적인 현금 수익을 만들어온 고배당 기업의 힘이 돋보일 전망

분야	추천자 수	상장 증시	대표 ETF
소비재	3명	한국	KODEX 필수소비재
		미국	SPDR 임의소비재(XLY)
추천 이유			백신 접종으로 코로나로 인한 제약이 풀릴 때 소비가 일시에 분출될 가능성 큼

분야	추천자 수	상장 증시	대표 ETF
가치주	2명	한국	KINDEX 미국와이드모트 가치주, TIGER 우량가치
		미국	아이셰어즈 S&P500 가치주(IVE)
추천 이유			금리 인상기가 오면 그동안 저평가됐던 가치주가 수년에 걸쳐 좋은 수익 낼 전망

※추천 전문가(회사 이름 가나다순): 대신증권 리서치센터 문남중 팀장, 삼성증권 김도현 수석연구위원, 신한은행 신탁부 이상아 수석, 하나은행 신탁섹션, 한국투자증권 GWM센터 정세호 팀장, KB국민은행 WM스타자문단 양재PB센터 정성진 PB ※미국 상장 ETF 괄호 안은 티커(주문 기호)

업 성장의 지속 가능성을 평가하는 지표로 자리 잡아가는 과정에서 이를 잘 실천하는 기업에 대한 투자가 증가하고 관련 기업의 주가가 오를 것이다. 특히 미국과 유럽이 동시에 추진 중인 친환경 정책에 힘입은 친환경 관련 ETF를 주목할 필요가 있다. 한국 증시에 상장된 코덱스 200ESG, KBSTAR ESG 사회책임투자 ETF와 미국의 뱅가드 ESG 미국 주식(ESGV), 퍼스트트러스트 나스닥 클린에지그린 에너지(QCLN), 아이셰어즈 글로벌 클린에너지(ICLN) 등이 대표적인 ESG·친환경 ETF다. S&P500 ETF는 국내 증시에 상장된 코덱스·킨덱스·타이거 등의 ETF를 사거나 미국 증시에서 '직구'도 가능하다.

ETF 구매 방법은 주식과 동일하다. 국내 증시에 상장된 ETF는 증권사 또는 모바일에서 계좌를 트고 주식을 매수하면 되고, 직구는 해외 주식 계좌를 개설하고 원화를 입금한 뒤 환전을 하여 해외 주식을 매수하면 된다.

조 바이든 미국 대통령이 추진 중인 막대한 규모의 기반시설 투자에 수혜를 볼 리츠(부동산 간접 투자) ETF도 많은 지지를 받았다. 정성진 KB국민은행 양재 PB센터 PB는 "부동산에 투자해서 임대 수입과 매각 차익, 개발 수익 등을 두루 기대할 수 있는 리츠 ETF를 추천한다"고 말한다. 여러 리츠에 분산투자하는 ETF로는 한국의 타이거 부동산인프라고배당, 미국의 뱅가드 부동산(VNQ) 등이 있다.

코로나 이후 '보복 소비'가 가시화되는 가운데 소비재에 주목해야 한다는 의견도 있다. 코로나 이후 소비 회복으로 필수 소비재 업종의 이익이 지속해서 개선될 것이다. 금리 상승기에 유망한 가치주·고배당주 ETF도 유망하다. 고배당주는 안정적인 현금 흐름이 뒷받침하는 회사에 투자해 금리 상승이 우려되는 시기에 유망하며 국내 상장 고배당·가치주 ETF로는 타이거 우량가치, 아리랑 고배당주, 미국 ETF 중에는 뱅가드 배당 증가(VIG), SPDR S&P 배당(SDY) ETF 등이 있다.

추천 ETF

하나로글로벌럭셔리S&P ETF는 명품 주를 모아 만든 ETF로, 국내에서 유일하게 S&P 글로벌 럭셔리 지수를 추종하는 명품 테마 ETF로 NH아문디자산운용이 상장했다. 이 상품은 선진국 시장 상장 종목 중 명품이나 유통 또는 고급 서비스를 제공하는 기업에 주로 투자하는데, 대표 명품 브랜드인 루이비통의 명품 브랜드 그룹(LVMH-Moet Vuitton) 8.3%, 구찌가 속해 있는 케어링(Kering)그룹 7.0%, 테슬라 6.4%, 에스티로더 5.8%, 메르세데스 벤츠를 생산하는 다임러그룹 5.7%, 에르메스 5.6% 등이 있다.

수익률 그래프에 따르면 2022년 7월 8일 기준 ETF 가격은 1

만 4,955원으로, 이 가격에 명품 주식을 한 번에 살 수 있는 셈이다. 코로나19에도 꺾이지 않았던 명품 회사들의 실적 고공행진으로 높은 수익률을 보이는데, 작년 1년간 수익률이 33.7%에 달한다. 아래 그래프에서도 보듯이 상품의 수익률도 높지만, 더 긍정적인 것은 수익률이 꾸준하게 상승하여 안정적인 수익률이 가능하다는 것이다.

·8·
작지만 알찬 수익
'공모주 청약'

2022년 1월, 50대를 앞두고 있는 아는 동생에게 메시지를 보냈다. 그 동생은 주식 투자를 하고 있긴 하지만 공모주 청약은 한 번도 해본 적이 없다고 했다. LG에너지솔루션 공모주 청약 방법에 대해 상세하게 적어서 보내 주었는데 다음 날 물어보니 바빠서 못했다는 답이 돌아왔다. 같은 시기 동네 미용실에 갔다가 50대 미용실 원장님께 위와 같은 공모주 청약을 설명하면서 'D증권'으로 공모를 진행하라고 조언했다. 내 조언을 실행에 옮긴 원장님은 증거금 150만 원으로 2주(공모가 주당 30만 원)를 받았는데, 이를 주당 50만 원에 팔아 40만 원의 이득을 남겼다. 이런 공모주는 거의 '로또급'이라고 할 수 있다. 좋은 기업의 경우에는 상장 후 주가가 급상승하기 때문이다.

내가 D증권으로 청약을 하라고 조언한 이유 또한 나름의 노하우다. 보통 대형 주식이 공모를 진행하게 되면 대표 주관사 외에 공동주관사로 2개사, 인수단으로 4개사 정도가 참여하게 되는데 이때 대표 주관사에 가장 많은 공모주가 배당되고, 공동 주관사에는 그다음으로 많은 주식이 배당된다. 인수단의 경우 위 주관사들보다는 적은 배당을 받는다. 그런데 LG에너지솔루션의 경우 대표 주관사인 KB증권이 많은 고객을 보유한 만큼 경쟁률도 치열해 보였다. 공동주관사 중 한 곳 역시 대표 주관사만큼이나 고객을 많이 보유한 곳이었다. D증권은 위 두 증권사보다는 고객을 적게 보유하고 있었지만 그 증권사만큼이나 주식을 공모할 수 있었기에 D증권을 추천한 것이다. 만약 공모주가 처음이라면 이런 방법을 고민해 볼 필요가 있다.

기업이 증권시장 상장을 위해 불특정 다수를 대상으로 공개적으로 증권을 모집하는 것을 '공모'라 하고, 이 공모를 통해 기업이 발행하는 주식을 '공모주'라고 하며, 투자자들이 이 공모주를 사는 것을 '공모주 청약'이라고 부른다. 일반적으로 공모가는 기업의 주식이 증권거래소에 상장된 후 예상되는 가격에 비해 비교적 낮은 가격으로 책정되므로 미래가 유망한 기업의 경우 공모주 청약 경쟁률이 높게 나타난다. 다만 공모가보다 실제 상장 후의 주가가 현재보다 내려가는 경우도 있기 때문에 신중하게 판단하여 청약을 진행하도록 하자.

공모주 청약 신청을 위해서는 먼저 증권사 계좌를 개설하고 증거금을 예치해야 하는데, 예전에는 증거금을 예치한 만큼 공모주 배정을 받을 수 있었지만 작년 말부터 배정 방식의 형평성 제고를 위해 '균등 방식'으로 변경되었다. 즉 기존의 비례 방식 50%와 균등 방식 50%로 나뉘며 최소 청약 증거금('10주X공모가'의 50%) 이상을 납입하게 되면 균등 방식의 효과로 최소 1주 이상을 받을 수 있게 되면서 일반 청약자의 공모주 참여 기회가 확대되었다. 공모주 청약 절차를 간단히 설명하면 아래와 같다.

① 계좌 개설

공모주 청약을 하려면 우선 증권사 계좌가 필요하다. 상장 후 주식 매매는 어떤 증권사를 통해서도 할 수 있지만 공모주 청약은 해당 공모주의 주관 회사로 정해진 증권사의 계좌를 통해서만 가능하다. 증권사를 방문해도 되고, 스마트폰 앱에서도 계좌 개설이 가능하다.

② 증거금 제도

공모주는 증거금 제도라는 것이 있다. 청약 기간에 곧바로 매매를 하는 것이 아닌 '증거금'이라는 일종의 계약금을 내고 청약을 신청한 뒤 납입 날짜에 나머지 금액을 내는 구조다. 따라서 공모주를 청약할 때는 해당 공모주의 청약증거금률(50%)을 고려해 청약 계좌에 증거금을 입금하는 게 포인트다.

③ 공모주 배정

공모주 청약은 부동산처럼 가점을 매기거나 추첨을 하는 것이 아니다. 경쟁에서 이겨야 공모주를 얻을 수 있다. 무엇을 경쟁하느냐, 바로 '증거금'을 가지고 경쟁을 하게 된다. 공모주의 경쟁률이 높을수록 증거금을 많이 넣어야 주식을 배정받을 확률이 높다. 만약 경쟁률이 10:1이라면, '10주'를 청약해야 1주를 받을 수 있고, 경쟁률이 100:1이라면 '100주'를 청약해야 1주를 받을 수 있는 구조다.

> 공모주 청약 증거금=공모가 X 수량 X 경쟁률 X 청약증거금률(50% 또는 100%)

예를 들어, A 공모주의 공모가가 2만 원이고, 경쟁률이 100:1, 청약증거금률이 50%라면, 1주를 배정받기 위해 증거금으로 '20,000 × 1 × 100 × 0.5=100만 원'을 넣어야 한다. 공모주 배정이 안 되거나 일부만 배정이 되어 남은 청약 증거금은 공모주 청약을 신청한 증권 계좌 또는 따로 지정한 계좌로 환불된다. 카카오게임즈 공모주 청약을 예로 들면, 공모가는 2만 4,000원이었지만 경쟁률이 1,500:1을 넘는 바람에 1주에 대한 증거금이 약 1,830만 원에 달했다. 1억 원을 증거금으로 내면 겨우 5주를 배정받을 수 있었다.

공모주 일정은 인터넷에 'ㅇㅇ월 공모주 일정'이라고 검색하면 관련한 내용들을 쉽게 찾아볼 수 있다. 공모주 청약은 보통 이틀 동안 진행되는데, 첫날 증권사별 공모주 경쟁률을 확인하고 상대적으로 낮은 경쟁률을 보이는 증권사에 다음 날 10시 이후 청약을 하게 되면 공모 받을 가능성을 높일 수 있다.

·9·
소소한 즐거움
'리츠' 투자

부동산 펀드는 시장 상황에 따라 큰 영향을 받는데, 실제로 코로나 때문에 경기가 나빠지자 공모형 부동산 펀드 건수가 확연히 줄어들었다. 반면 리츠는 일반 투자자들에게 꾸준한 관심을 불러일으키며 성장하고 있다. 리츠(REITs: Real Estate Investment Trusts)는 부동산 투자신탁이라는 뜻으로 부동산 투자 회사의 지분(주식)에 투자해 발생한 수익을 투자자에게 배당하는 부동산 간접투자 상품을 말한다. 변동성이 큰 주식 투자로 재미를 보지 못한 투자자라면 리츠에 투자해 보는 것도 나쁘지 않은 방법이다. 특히 상속 목적이 아닌 장기 투자 목적으로 투자를 하기에는 시간이 부족하다고 느끼는 50대에게 매력적인 상품이다.

부동산 상품으로서 리츠의 가장 큰 장점이자 특징은 주식시장에 상장돼 언제든지 시장 가격에 매도해 현금화하고 유동성을 확보할 수 있다는 것이다. 부동산을 현금화하기 위해서는 보유 중인 부동산을 매각하거나 대출을 받아서 필요한 자금을 마련해야 한다. 그러나 내가 생각하는 금액으로 부동산을 당장 매도하는 것은 결코 쉬운 일이 아니다. 또한 주거용 부동산의 경우 규제 강화로 인해 시장 적정 가치 대비 제한된 비율로만 대출이 가능하다. 부동산의 가장 큰 약점이 바로 이 유동성의 한계에 있다. 반면 리츠는 주식 형태로 증권시장에 상장하여 실시간 가격으로 매도할 수 있다는 장점을 갖는다.

또 다른 장점으로는 5만 원, 10만 원의 소액으로 대형 부동산에 투자해 배당수익을 얻을 수 있다는 점이다. 도심에 있는 대기업의 본사 사옥이나, 대형 쇼핑몰, 대형 물류창고 등의 부동산 임대수익은 안정적이면서 성장 가치가 크지만 개인이 투자하기란 쉽지 않다. 이러한 부동산이 주식 형태로 잘게 쪼개져 주식시장에서 거래가 가능하기 때문에 투자자는 한 주를 사더라도 운용 수익을 얻을 수 있고, 차후 매각 차익도 기대할 수 있다.

여기서 끝이 아니다. 주주들에게 매년 배당 가능 이익의 90% 이상을 의무적으로 배당하고, 그 수익 또한 통상 부동산 임대료에서 발생하기 때문에 정기예금이나 채권 상품보다 높은 수익을 올릴 수 있다. 부동산에 근거해 운용하기 때문에 일반 투자 상품과 비교하면 변동성이 적고 안정적인 운영이 가능하다.

부동산 자산을 많이 보유한 대기업은 자산 가치는 높은 반면 이를 활용한 유동성 공급이 원활하지 않을 수 있는데, 리츠를 이용해서 이를 해소하고 적정 수익률도 올리는 방식으로 기업의 이윤을 창출한다. 롯데그룹의 경우 백화점, 마트, 물류창고 등 부동산 자산이 많은데, 이러한 부동산을 바탕으로 상장된 롯데리츠는 2조 원 이상 자산으로 연간 배당수익 4% 이상을 유지하고 있다.

리츠의 경우 일반 회사와 상장 과정을 비교하면 상장 후 주가의 변동성이 크지 않기 때문에 주식시장에 상장된 이후 이들 리츠 중에서 어디에 투자하는지(기초자산), 예상수익률은 얼마인지를 차분하게 확인하고 투자할 수 있다. 리츠 중 최근 각광받고 있는 섹터는 물류센터 관련 리츠로 온라인 플랫폼 비즈니스 등 전방산업의 급격한 성장으로 물류센터 리츠의 개발수요가 풍부한 상황이다. 현재 상장돼 있는 물류센터 리츠와 상장 예정인 리츠에도 관심을 가지고 투자한다면 좋은 성과를 기대할 수 있을 것이다.

리츠는 연 4~6% 대의 배당수익을 추구하면서 투자의 변동성을 회피하고자 하는 '중위험 중수익' 투자자에게 적합한 투자 상품이다. '하이 리스크 하이 리턴'을 피해야 하는 50대에게 중위험 중수익 투자는 그 자체로 매력적인 투자 방식 중 하나라고 할 수 있다. 게다가 리츠는 주식시장에서 언제든지 매도해 현금화할 수 있는 부동산 관련 상품으로 안정적인 수익 확보와 용이한 현금 유동성이라는 두 마리 토끼를 다 잡을 수 있는 똘똘한 상품이다.

현재 부동산 시장의 흐름을 파악하고, 리츠의 상품별 구조와 내용을 꼼꼼히 살펴 투자한다면 투자 자산의 가치는 유지하면서 꾸준하고 안정적인 수익을 기대할 수 있을 것이다. 특히 물류센터 관련 리츠는 일반 리츠보다 상대적으로 좋은 투자 성과를 기대할 수 있고, 미국시장 리츠는 코로나 상황에서 꾸준한 성장세를 이어가는 미국 부동산 시장의 이익을 챙길 수 있는 훌륭한 투자 대안으로 생각된다.

추천 리츠

a)이지스밸류리츠

- 자산을 부동산에 투자하여 임대수익 및 매각 수익을 주주에게 배당하는 것을 목적으로 '부동산 투자회사법'에 따라 설립된 회사로, 2020년 7월 16일 상장됨.
- 태평로 빌딩, 여주 쿠팡 물류센터, 북미DC포트폴리오, 분당 Hostway IDC, 이전 YM물류센터 등 총 오피스 1개, 물류센터 2개, 데이터센터 2개의 자산을 편입함.
- 2월과 8월을 배당 결산월로 지정, 연환산 목표 수익률 6.0%

b)NH프라임리츠

- 국내 NH금융그룹 계열의 리츠 전문 기업으로 공모를 통해 일반 투자자들로부터 자금을 모은 후 해당 자금을 부동산과 부동산 관련 유가 증권에 투자한 뒤 운용 수익을 투자자들에게 배당하는 리츠 관련주임.

- 자산을 모두 수익증권이나 다른 리츠의 지분 일부를 보유한 형태로 투자하는 국내 최초 재간접 리츠임.
- 재간접 리츠는 투자 자산을 직접 보유하고 있는 리츠에 비해 자산 매각이 유리하며 매각차익을 통해 수익률 향상을 추구하기 좋고, 적은 자본으로 다양한 자산에 분산투자할 수 있는 장점을 가짐.
- 매년 5월과 11월을 배당 결산월로 지정하고 있는 반기 배당 리츠로 2021년 연간 배당률은 약 5% 수준임.

c)롯데리츠

기업 개요

- 롯데리츠는 위탁관리 부동산 투자회사로 2019년 3월에 설립됨. 부동산의 취득 및 관리 계량 및 처분, 부동산의 임대차 및 부동산 개발 등의 방법으로 자산을 투자·운용하여 얻은 수익을 배당금의 형태로 주주에게 환원함.

- 롯데백화점 및 마트 등 총 8채 보유 중이며 롯데쇼핑 지분율 50%
- 롯데그룹 유통 계열사인 롯데쇼핑과 물류 전문 계열사인 롯데글로벌로지스를 책임임차인으로 확보함.
- 주요 임차인 롯데쇼핑은 1970년 백화점 경영을 목적으로 설립되어 2021년 말 기준 백화점 33개(업계 1위), 할인점 112개(업계 3위) 등을 운영하며 우수한 사업 지위를 유지함.
- 책임임대차계약을 통해 공실 리스크 없는 안정적인 자산운용과 건물 유지보수 관리 의무 및 제세공과금 보험료를 임차인이 부담하는 조건으로 배당 안정성이 높음.
- 높은 신용등급과 장기 책임임대차 계약을 기반으로, 또한 금리 인상기에 대비한 자금 조달 역량으로 5~6% 대의 배당수익률이 예상됨.

d)신한알파리츠

기업 개요

- 국내 신한금융그룹 계열의 리츠 전문 기업으로, 공모를 통해 일반 투자자들로부터 자금을 모은 후 부동산과 부동산 관련 유가 증권에 투자한 뒤 수익을 투자자들에게 배당하는 리츠 사업을 영위 중임.
- 신한알파리츠의 시가 총액 중 약 60%를 차지하고 있는 크래프톤 타워의 가치가 높아짐에 따라 배당 증가에 대한 기대감도 증가하고 있음.
- 1분기 영업이익이 233억 원으로 전년 대비 +74.8% 상승하여 꾸준히 성장 중임.
- 크래프톤 타워를 시작으로 더프라임타워, 삼성화재, 역삼빌딩 등 7개의 프라임타워를 보유하고 있음.
- 배당은 6월과 12월 반기 배당을 하며, 평균 5% 대의 배당률을 기록함.

e)제이알글로벌리츠

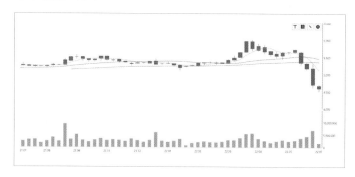

- 국내 최초 국토교통부로부터 해외 부동산을 기초자산으로 하는 공모리츠 영업인가를 취득함.
- 벨기에 정부기관을 임차인으로 하는 안정적인 임대차: 벨기에 연방정부(S&P기준 AA) 산하의 벨기에 건물관리청이 전체 면적에 대해 2034년까지 중도 해지 옵션 없이 임차. 임차인은 현재 재무부, 복지부 등 연방정부 주요 부처가 입주 중임.
- 임대 기간: 2002년 1월~2034년 12월
- 임대료: 연 7~8% 대

   관리비와 제세공과금, 유지보수비는 임차인이 부담

   지급 시기는 매년 2회(4월 1일, 10월 1일 선취)

   임대료 인상률은 매년 벨기에 건강지수를 적용하여 조정함.
- 입지 환경: 지하철과 전용 통로로 직접 연결되고, 버스, 트램, 기차, 항공(공항) 등의 시설과도 가까워 뛰어난 교통 접근성을 보유하고 있음. 벨기에 연방 경찰청, 조폐국, 금융감독원, 이민국이 가까이에 위치하며, 연방정부 주도로 인근에 대규모 개발 프로젝트가 진행 중임.

f)미래에셋타이거리츠

- 타이거 미국MSCI리츠 ETF: 미국 리츠 시장 3분의 2를 포함하는 'MSCI US 리츠 인덱스'를 추종하며, 지수는 물류, 데이터센터, 쇼핑몰, 임대주택 등 다양한 부동산에 투자하는 136개 리츠로 구성됨.

- 타이거 부동산인프라고배당 ETF: 부동산 및 인프라에 투자하는 국내 리츠와 고배당주에 분산투자. 2022년 3월 말 기준 6개 리츠에 60%, 고배당주에 40% 투자 중이며, 향후 국내 리츠 상품이 다양해지면 리츠 투자 비중을 높일 예정임.

- 타이거리츠 ETF 2종이 순자산 2,000억을 돌파, 안정적인 성과와 꾸준한 배당으로 투자 자금이 유입되고 있음. 2021년 한 해 기준, 코스피 및 S&P500 지수 수익률을 웃도는 우수한 성과를 기록 중임.

· 10 ·
똘똘한 집 한 채를 원하는
50대라면?

인생 중반을 넘어가는 나이 '50'. 이제는 번듯한 집에 정착해 인생 후반전을 준비해야 하는 시기다. 나와 가족이 생활할 공간, 괜찮은 아파트 한 채는 반드시 필요하다. 무주택으로 전세를 살고 있다가 갑자기 전세가 오르면 여유 자금 없는 50대는 살던 공간을 내주고 다른 공간에서 또 다시 적응을 해야 하는데 나이가 들어 새로운 커뮤니티에 적응하는 것은 쉬운 일이 아니다.

아파트 한 채는 장기 거주 시 장기거주특별공제 혜택으로 매도할 경우 세금을 거의 내지 않고, 노후 자금이 부족할 때 주택연금으로도 활용할 수 있기 때문에 괜찮은 아파트 한 채는 반드시 보유하도록 하자. 이미 아파트 한 채를 가진 50대의 경우 능력이 된다면 주변에 괜찮은 아파트 한 채를 투자 목적으로 매수했다가 시세에 매도할 수도 있겠지만 그렇지 않다면 미래 투자 목적으로 아파트를 구입하는 것은 권하지 않는다.

이유는 아파트 공시지가가 지속적으로 상승하면서 재산세뿐 아니라 종부세 부담이 늘어 가뜩이나 현금 유동성을 확보해야 하는 마당에 세금 부담을 늘릴 수 있기 때문이다. 요즘 같이 대출 규제가 심한 경우 아파트 담보대출도 쉽지 않고, 시장이 돌아섰을 때 매도 타이밍을 놓치게 되면 매도하기도 쉽지 않아 '아파트 거지'가 될 수도 있다. 기존에 아파트가 두 채 이상 있는 경우라면 똑똑한 아파트 한 채만 유지하고 나머지는 매도를 하거나, 상승 여력이 있는 물건은 자녀에게 증여하는 것도 좋은 방법이다.

문제는 집 한 채도 보유하지 못한 50대다. 이때는 똑똑한 집 한 채에 집중하는 게 중요한데 그렇다고 무조건 비싼 아파트를 구할 수는 없는 노릇, 서울 지역 아파트 평균 매매가가 11억을 넘고 중위 값도 9억 원을 넘은 상황에서 중위권에 턱걸이하고 있는 (상승여력이 높은) 아파트들을 알아보는 게 좋다. 특히 올해 들어 서울도 일부 핵심 지역을 제외하고는 아파트 매매가 폭락 사태가 이어지고 있는데, 금리 인상이 본격화되면 매수심리에 악영향을 미쳐 당분간 매도우위의 하락세가 예상된다. 그간 끝없이 오를 것만 같던 부동산 시장에 변화 조짐이 나타난 것은 분명한데 지금이라도 집을 사야 하나 말아야 하나, 산다면 어떤 아파트를 사는 게 유리한가, 실수요자의 궁금증은 커진다.

주택 가격을 결정하는 요인은 너무나 다양하고 변화무쌍해 쉽사리 파악하기가 힘들다. 중대한 요인은 재건축이나 리모델링 등으로 신축되는 경우, 주거 선호도가 증가하는 경우, 지하철역이나 GTX역 신설로 인한 부동산 가격 상승 기대로 수요가 증가하는 경우, 부동산 경기의 개선, 자금 유동성 등 너무도 다양하다.

도시를 알아야 오를 아파트가 보인다

지금까지 전세를 살았다면 도시의 부동산 변화가 주택시장에서 어떻게 반영되는지 파악하기 어렵다. 아래의 다섯 가지만 기억하자.

첫째, 아파트는 도시의 성장과 쇠퇴에 따라 가격이 결정된다. 도시 공간이 앞으로 어떻게 바뀌며 아파트가 어디에 위치하고 있는지 입지적 특성이 매우 중요하다.

둘째, 아파트의 투자 가치는 입지에 크게 좌우된다. 아파트 크기나 노후 정도가 비슷해도 어디에 위치하고 있느냐에 따라 가격 차이가 발생한다.

셋째, 아파트의 가격 변동은 토지 가치의 변화에 좌우된다. 건물은 시간이 경과하면 노후되고 감가상각이 되지만 토지는 영속적으로 가치보전 기능이 뛰어나기 때문이다. 신축 아파트가 인근의 오래된 아파트보다 월등히 비싼 이유가 바로 그것이다.

넷째, 입지는 주거와 투자 가치 면에서 커다란 영향을 미치는 내재 가치다. 입지는 대지 지분과 지가 변동률 등이 투자 가치의 절대적인 비중을 차지한다.

다섯째, 지가로 표시되는 땅값은 도시가 성장할 가능성을 나타내는 미래 가치의 바로미터 기능을 한다. 성장하는 지역은 땅값이 지속적으로 상승하며, 지가가 꾸준히 상승하는 지역 또한 성장 지역으로 볼 수 있다. 성장성을 측정하는 지표는 인구, 소득, 기반시설, 행정계획 등이 대표적이다.

요즘 같이 아파트 값이 천정부지로 뛰는 때, 입지가 우월하고 미래 가치가 뛰어난 서울 지역 아파트 중에서 9억 원 이하 슈퍼 아파트 톱7을 추천한다.

서울 지역 9억 원 이하 슈퍼 아파트 톱7

지역	단지	구분	입주 년도	가구 수	용도지역	용적률
관악구 봉천동	현대	구축	1992	2,134	3종주거	245%
금천구 독산동	중앙하이츠빌	구축	2004	554	준공업	253%
노원구 상계동	중계센트럴파크	신축	2016	457	3종 주거	224%
노원구 월계동	월계2단지주공	구축	1992	2,002	3종주거	227%
도봉구 창동	주공3단지	구축	1990	2,856	3종 주거	175%

동대문구 전농동	전농우성	구축	1992	1,234	3종 주거	228%
영등포구 대림동	우성(1차)	재건축	1985	435	2,3종 주거	159%

내가 눈여겨본 지역에 지하철이 들어설까?

교통이 편리한 곳에 위치한 아파트는 당연히 비싸다. 당장 살기 위한 조건으로 누구나 가장 먼저 알아보는 중요한 요소 중 하나가 바로 대중교통 접근성이기 때문이다. 근처에 지하철이 있는지, 혹은 버스 노선이 지나다니는 곳인지 등등. 거기에 더해 내가 관심 있는 지역에 지하철이 들어설 것인지, 새롭게 지하철역이 개통될 지역은 어디인지, 미리 알 수 있다면 얼마나 좋을까?

앞으로 들어설 남양주 지역의 교통망을 살펴보자. 이러한 교통 호재가 발표되자 남양주 일대 아파트 값이 최근 몇 년간 꾸준히 올랐다. 2019년 말에 5억 원대에 거래되던 아파트도 1년 만에 3억 원이 오른 8억 원대가 됐으니 교통망의 힘이 얼마나 대단한지 새삼 느낄 수 있다. 그러나 여전히 '저평가'라는 전문가 의견이 많다. 서울 집값에 비해 여전히 싸다는 것이다. 그리고 현재 내 집은 없지만 서울에서 전세를 살고 있는 50대라면 부담 없이 도전할 수 있는 금액이기도 하다.

서울만큼이나 오른 성남, 하남에 비해서는 아직 저렴한 편이고 타 경기도 지역 집값이 많이 오르지 않았다는 점, 교통망 확충으로 개발이 예상되고 있다는 점에서 남양주는 내 집 마련을 하고픈 50대에게 매력 있는 지역이라 할 수 있으며 서울로의 접근성도 좋아 집값 상승 효과도 기대해 볼 만하다.

이런 교통 호재를 미리 알 수 있는 방법은 없을까? 평소 애정이 가는 예정지 한두 곳에 지속적으로 관심을 갖고 직접 부동산을 찾는 수고를 마다하지 않는다면 상승 초기에 저렴한 가격으로 원하는 집을 얻을 수 있을 것이다. 여기에 교통 호재를 한눈에 확인해 볼 수 있는 사이트를 소개한다. 바로 미래철도999, 아니, '미래철도DB'이다. 부동산에 장기 투자를 할 여력이 없는 50대가 정보 없이 일단 사 두고 재개발, 재건축 등을 기다리기에는 리스크가 너무 크다. 그럴 때는 교통 호재가 있을 지역에 미리 들어가 있는 게 좋다. 아무래도 리스크가 적기 때문이다.

첫 화면부터 현재 어디에 어떻게 지하철역이 들어오는지 설명해 주고 있는데, 경전철, 광역전철, 지하철, 신설 예정 철도 등의 정보가 일목요연하게 정리된 것을 확인할 수 있으며 내용이 실시간으로 업데이트되어 최신 정보를 확인하는 데 큰 도움이 된다.

[최근 주요 업데이트]

2022/7/1	수도권 고속철도(수색-광명), 부산도시철도 하단-녹산선, 천안-청주공항 복선전철 > 업데이트
2022/6/29	산악벽지형 궤도 시범사업(지리산 산악철도), GTX-B선 > 업데이트
2022/6/23	원주연결선, 대합산단산업선 > 업데이트
2022/6/16	동해선(제진-강릉), 경부고속선 대전북연결선, GTX-B노선, 옥정포천선 > 업데이트
2022/5/27	신분당선(삼송-용산), 신림선 연장 > 페이지 분리
2022/5/21	신분당선(신사-강남), 신림선 > 업데이트
2022/5/9	중앙선(도담-영천), 동해선(강릉-제진), 춘천-속초 고속화철도 > 업데이트
2022/4/22	석문산단 인입철도 > 업데이트
2022/3/29	대장홍대선 > 업데이트
2022/3/24	대구산업선 > 업데이트
2022/3/22	GTX-B선, 서울7호선 청라국제도시 연장 > 업데이트
2022/3/14	진접선(서울 4호선 북부 연장) > 업데이트
2022/3/1	대전2호선 > 업데이트
2022/2/24	수도권 광역급행철도(GTX) 노선들 > 업데이트
2022/2/23	대구권 광역철도(서대구역) > 업데이트
2022/2/9	대구-포항 광역철도 > 페이지 신설 대구-경북 광역철도 > 업데이트
2022/1/18	부산광역시 도시철도망 구축계획 노선들, 인천광역시 도시철도망 구축계획 노선들 > 업데이트
2022/1/11	남부내륙철도 > 업데이트
2022/1/9	제주도 신교통수단, 철도종합시험선로(순환선) > 업데이트
2022/1/8	동해선(강릉-제진) > 업데이트

또한 신설 예정 역 뿐만 아니라 철도 개발 계획이 폐기된 사항들까지도 함께 공유한다. 이 사이트는 정부 또는 일반 기업이나 단체에서 운영하는 사이트가 아닌 단순히 철도를 좋아하는 철도 애호가가 취미 생활로 만들었다고 하니 참으로 은혜롭지 않을 수 없다.

개통 시기별 지하철 연장 철도 신설 정보들도 한눈에 볼 수 있다. 당장 2022년, 2023년 개통 예정 정보들이 궁금하다면, 희망 연도를 클릭만 하면 된다. 현재 2028년도 신설 예정 정보까지 볼 수 있다. 각 노선을 클릭하면 더욱 상세한 사항을 볼 수 있는데 예를 들어 요즘 뜨고 있는 위례 지역에 있는 서울도시철도 8호선 남위례역을 클릭해 보자.

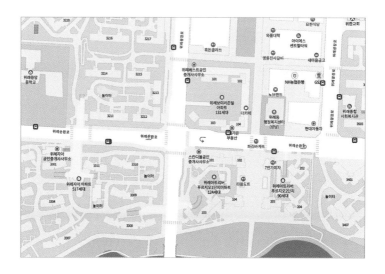

개통예정 : 2021년 12월
- 위례신도시 사업으로 추진되는 8호선 구간의 새 역
- 복정역에서 1.4km, 산성역에서 1.2km 떨어진 지상 구간에 신설
- 위례신도시 내부 트램(노면전차)인 위례선과 환승 예정
- 상대식 승강장, 도심방향 바로타 승강장 (게이트와 승강장이 동일 평면)
- 2008.3: 국토해양부 > 위례신도시 광역교통개선대책 수립
- 2008.8.5: 국토해양부 > 위례신도시 개발계획 승인 (고시 2008-303호)
- 2014.5.13: 국토교통부 > 위례신도시 광역교통 개선 대책의 보완, 수정, 변경 절차 확정 및 성남시에 통보
- 2015.4.16: 기본계획 및 개발제한구역관리 계획변경용역 착수
- 2015.8.17: 2016년 수도권개발제한구역 관리계획 변경인가 신청(서울교통공사-성남시)
- 2016.6.23: 국토교통부 제12회 중앙도시계획위원회 심의(조건부 의결)
- 2016.7.25: 경기도 > 2016년 수도권(경기도) 개발제한구역 관리계획 승인(경기도공고 제2016-840호)
- 2016.9.1 : 서울도시철도공사 > 우남역 대신 (가칭)8호선 추가역 명칭 사용(우남은 성남시 지명과 무관한 이승만 전 대통령의 초를 딴 이름이기 때문이라는 성남시 입장에 근거)
- 2016.9.13~12.8 : 서울도시철도공사 > 8호선 초가역 신축설계 설계 공모
- 2017.1.3: 위례신도시 8호선 추가역 건설사업 기본 및 실시설계용역 착수
- 2017.6.8: 성남시 공공디자인 심의(8호선 추가역)
- 2017.6.15: 주민설명회
- 2017.7.21: 성남시 도시계획위원회 심의
- 2017.8.14: 성남시 공고2017-232호 > 도시관리계획(철도)결정 및 지형도면 고시
- 2017.9.1: 성남시 공공디자인 심의(방호벽 설치)
- 2017.9: 소규모 환경영향평가 협의 요청
- 2017.11.24: 국토교통부 교통영향평가 심의위원회 심의 의결
- 2017.12.13: 교통영향평가 완료
- 2018.1.9: 소규모 환경영향평가 완료
- 2018.1.12: 서울교통공사 -> 성남시 > 사업시행자 지정 및 실시계획인가 신청
- 2018.3.27: 기본 및 실시설계용역 일시정지(국토교통부 주거복지 로드맵 발표에 따른 성남복정공공택지지구 개발계획과 연계 필요)
- 2018.4.12: 중앙토지수용위원회 심의 (2018년 제7차, 사업인정의제)
- 2018.4.16: 성남시 고시 제2018-78호 > 실시계획인가
- 2018.10.1 : 기본 및 실시설계용역 재개
- 2019.10: 토지보상 완료
- 2019.12.3: 시공사 선정(진릉기업)
- 2019.12.23: 착공식 (복정동 LH위례사업본부)
- 2021.5.20: 서울시 지명위원회 역명을 남위례역으로 화정
- 2021.6.17: 서울특별시 고시 제2021-271호 > 도시철도 역명 재개정 확정고시 (기존 8호선 추가역 역명을 남위례역으로 확정)

내용을 보면 2021년 12월 개통된 남위례역 신설 계획은 2008년으로 거슬러 올라가는데, 하나의 역이 개통하기까지 지난한 과정이 모두 담겨 있어 한마디로 '지하철역의 역사'라 할 수 있다. 미래철도DB는 '미래철도 노선도 카페'를 함께 운영하고 있는데 교통 신설 정보와 각종 개통 예정 구간 정보들을 공유할 수 있는 카페를 함께 소개한다. 기존 공식 사이트에서 각종 정보와 텍스트형 데이터 중심으로 실시간 정보를 확인할 수 있었다면, 아래 카페들은 좀 더 자세한 지도형 노선도 및 지하철 예상 노선표 이미지 등을 공유한다.

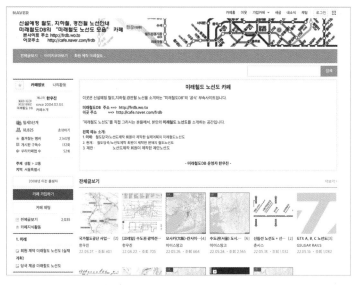

'미래철도 노선도 카페' 메인 화면

내가 사는 동네가 과연 역세권이 될 것인지, 또는 토지 및 부동산 투자를 위해 관심 있는 지역이 앞으로 어떻게 개발될지, 신설 교통 정보 및 지하철 호재가 있는지 알아보려면 이 사이트를 반드시 즐겨찾기 해 두자.

철도를 알면 지방 부동산도 보인다

서울에 살면 서울만 보인다. 서울 지역 아파트, 조금 더 가서 경기권 아파트만 보인다. 그러다가 '어? 부산이 왜 오르지? 대전도 오르네?' 지방 대도시 아파트 가격이 올라가면 그제야 지방 아파트에도 충분히 투자 가치가 있다는 것을 깨닫게 된다. 물론 부동산에 대해 잘 모르고 있다면 단 한 번도 가 본 적 없는 도시에 있는 아파트를 사기란 쉬운 일이 아니다. 말했듯이 50대의 부동산 투자는 누구보다 심혈을 기울여야 한다. 바로 이때 살펴볼 것이 '국가 철도망 구축계획'이다. 역시나 교통이 좋으면 집값은 올라간다.

한국교통연구원이 발표한 '제4차 국가철도망 구축계획 수립안'에 따라 지방 부동산 시장의 기대감이 높아지고 있다. 실제 수도권 광역급행철도(GTX) A·B·C 노선과 신안산선, 신분당선 연장, 월곶~판교선 등 굵직한 철도 호재는 수도권에 집중됐다. 이에 반해 제4차 국가철도망 구축계획은 지방 대도시권을 중심으로 한 광역경제권 형성을 위해 다수의 비수도권 광역철도 사업을 선정, 향후 지역별 균형 개발에 이바지할 수 있다.

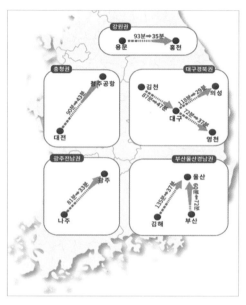

제4차 국가철도망 구축계획 수립안

먼저 부산~양산~울산 광역철도와 동남권 순환 광역철도, 대구~경북 광역철도, 대전~세종~충북 광역철도, 광주~나주 광역철도 등이 추진된다. 노선이 개통되면 지역 간 이동 시간이 크게 단축될 것으로 보인다. 부산~양산~울산 광역철도와 동남권 순환 광역철도(KTX 울산역~양산~진영)가 완성되면 동남권 메가시티의 중심축 역할을 담당하게 된다. 이 노선을 이용하면 부산~울산 구간이 72분에서 60분, 김해~울산 구간이 135분에서 37분으로 줄어든다. 또 대전~세종~충북 광역철도가 개통되면 대전에서 청주공항까지 이동 시간이 90분에서 43분으로 감소한다. 광주~나주 광역철도를 이용하면 광주에서 나주까지 33분 만에 이동할 수 있다.

사실 이 철도 계획을 머리에 담고 있다면 지방에 분양하는 대형 건설사 브랜드 신규 단지에 투자를 할 것인지 말 것인지 판단이 쉬워진다. 이를테면 이러한 발표가 난 후에, 2021년 3월에 분양했던 계룡자이는 1순위 청약에서 총 261가구 모집에 7,225명이 신청해 평균 27.7대 1의 경쟁률을 기록했다. 이 아파트는 기존 추진 사업인 충청권 광역철도 1단계 구간(계룡~신탄진)의 수혜가 예상되는데 충청권 광역철도 2단계 사업(신탄진~조치원)도 탄력을 받을 전망이다.

2021년 3월 금호건설이 강원 홍천군 희망지구에 분양한 '홍천 금호어울림 더퍼스트'가 1순위에서 청약 접수(평균 3.05대 1)를 모두 마무리 지으면서 분양 시장의 불모지나 다름없던 강원도 홍천군 시장도 들썩였는데 이 아파트가 위치한 홍천군은 용문~홍천 광역철도의 수혜가 예상된다.

제4차 국가철도망 구축계획에 포함된 지방의 분양 열기는 쉽게 식지 않을 것이다. 누구나 교통이 편한 곳에 살고자 하는 열망이 있기 때문이다. 서울이나 지방이나 마찬가지다. 역세권에 있는 아파트가 최고가 아파트인 것처럼 다른 지역에 살면서 지방에 있는 아파트 투자를 알아볼 때는 교통을 먼저 알아보고, 추가 개발 이슈가 있는지도 함께 살펴보자. 인터넷으로만 검색할 게 아니라 부동산중개소에 전화를 하거나 직접 내려가 보는 것도 방법이다. 인근에 큰 공단이 있는지 알아보는 것도 좋다. 수익형 부동산으로서 가치를 발할 수도 있기 때문이다.

·11·

아파트 한 채 + 여윳돈이 있는 50대라면?

아파트 한 채가 있고, 종잣돈으로 쓸 수 있는 현금이 있는 경우는 어떻게 투자를 하면 좋을까? 30~40대까지는 똘똘한 집 한 채를 가지는 게 목표였다. 그러기 위해 최선을 다해 돈을 벌었다. 50대에 똘똘한 아파트 한 채가 생기고, 이제 다른 곳에 투자할 여윳돈이 생겼다. 그 돈을 부동산에 투자하기로 마음먹었다면 무엇부터 해야 할까?

부동산 투자를 할 때는 보통 두 가지 선택지가 있다. 주택이나 토지에 투자한 후 나중에 되파는 차익형 투자 혹은 월세 소득을 얻을 수 있는 원룸, 상가, 오피스텔 등에 투자하는 경우다. 아파트

한 채를 가지고 있다고 해서 그 아파트를 바로 현금화할 수 없다. 노후를 준비하기 위해서는 현금 흐름도 중요하므로 나이가 들면 수익형 투자 상품 비중을 늘려 가는 게 좋다. 월세 수익으로 정기적으로 돈이 들어오는 시스템을 만들면 노후는 어느 정도 보장이 된다.

만약 자녀가 다 컸고 결혼까지 했다면 현재 살고 있는 집을 줄이고 남은 돈을 여윳돈과 합쳐 소형 아파트를 구입, 임대를 하는 것도 좋은 방법이다. 보통 소형 아파트 임대수익률은 3~4% 정도로 상가나 오피스텔에 비해 수익률이 낮은 편이지만, 아무리 소형이라도 '아파트' 아닌가. 부동산 시장이 상승할 때 팔아 시세차익을 얻을 수도 있다.

꽁짓돈 1억 원도 없다면? 경·공매를 활용하라

넉넉한 종잣돈이 있다면 더없이 좋겠지만 50대에 종잣돈 1억은 커녕 대출 잔뜩 낀 집 한 채만 가지고 있거나 빚만 잔뜩 가진 사람도 있다. 필자가 금융업에서 일하며 만난 사람들은 부자만이 아니었다. 지금 돈이 없는 건 절대 부끄러운 일이 아니다. 지금부터라도 돈을 굴려 꾸준히 불려 나가면 된다.

한국인의 부동산에 대한 사랑은 유별나다. 그러다 보니 자산에서 차지하는 부동산 비중도 다른 나라에 비해 월등히 높은 편이다. 부동산 투자자들이 늘면서 투자 수익률도 높아지고 다른 상품보다는 쉽게 접근할 수 있다고는 하지만, 무엇보다 큰 목돈이 필요하고 원하는 시점에 매도를 못하게 되면 돈이 묶이는 단점이 있다. 50대는 특히 많은 자산이 부동산에 묶여 있어 부동산 투자를 할 때 드는 목돈을 융통하지 못하는 경우가 발생한다. 이럴 때는 소액의 자본으로 시가보다 저렴하게 부동산을 구입할 수 있는 부동산 경·공매 투자에 관심을 기울여 보자. 주변 지인 중에서도 3,000만 원으로 경매를 시작해 빌라 한 채를 낙찰 받은 후 차근차근 자산을 불려 가는 경우를 본 적이 있다.

먼저 경매와 공매의 차이점부터 알아보자. 부동산 경매(競賣)란 돈을 빌려간 사람(채무자)이 약속한 날짜까지 빌려간 돈을 갚지 못할 경우 돈을 빌려준 사람(채권자)이 법원에 의뢰하면 법원이 다수의 매수인 가운데 높은 가격을 부른 사람에게 부동산을 팔아 대신 돈을 받아 주는 것을 말한다. 부동산 공매(公賣)란 체납 세금이나 국가 추징금을 대신해 압류한 재산을 경매 입찰하는 것을 말하며, 한국자산관리공사에서 진행하는데 공고, 입찰 등의 절차는 경매와 비슷하다. 부동산 경매와 공매의 공통점은 공개적인 입찰 경쟁을 통해 가장 비싼 값을 부른 사람에게 매각되고, 매각 당일 매수자가 나오지 않으면 가격을 낮춰 유찰되며, 채권 회수를 위한 강제 집행이라는 측면이 있다.

부동산 경매와 공매에 차이가 있다면 근거 법률과 집행 기관이 다르다는 것으로, 경매는 민사 집행법에 근거를 두지만 공매는 국세 징수법에 근거를 두고, 경매는 법원에서 집행하지만 공매는 한국자산관리공사에서 집행된다. 경매는 법원에 직접 찾아가 입찰해야 하나, 공매는 온비드에서 인터넷 입찰을 한다. 소유권 취득 방법 또한 다른데 경매는 잔금을 모두 납부하여야 소유권을 취득하나, 공매는 매매대금 전액을 납부하지 않아도 소유권 이전이 가능하다.

부동산 공매의 장점은 법원에 가지 않고 캠코의 온라인 입찰시스템인 온비드를 이용해 온라인으로 편하게 진행할 수 있다는 데 있다. 경매에 비해 권리 관계가 안전하고, 장기 할부, 선납 감액 등의 대금 납부 조건이 좋으며, 압류된 자산의 정보를 자산공사에서 투명하게 공개하기 때문에 쉽게 정보를 얻을 수 있다. 반면 단점도 존재하는데 모든 인수 책임은 낙찰자에게 있기 때문에 경매의 인도 명령 절차 없이 낙찰자가 명도 소송을 직접 진행해야 하는 등의 과정이 필요하다. 또한 공매 대상 물건은 압류 물건과 국유 재산 등이 주가 되기 때문에 경매에 비해 선택의 폭이 좁다.

여기서 부동산 경매의 매력 몇 가지를 추려 보자.

첫째, 시가보다 저렴하게 부동산을 취득할 수 있다. 유찰시 최저 경매가가 20~30%까지 떨어지므로 세 번만 유찰돼도 반값에서 입찰을 시작할 수 있다.

둘째, 토지거래허가구역의 땅이라도 허가 없이 취득이 가능하다. 지가 상승 지역은 '토지거래허가구역'으로 지정되어 시장, 군수, 구청장으로부터 토지 거래 계약 허가를 득해야 취득이 가능한데, 경매 물건의 경우 허가 없이 취득이 가능하므로 취득한 후 구역이 해제되면 큰 이익을 볼 수 있다.

셋째, 누구나 참여 가능하다. 집행관이 설명해 주는 내용만 잘 숙지하면 초보자도 입찰에 참여할 수 있을 정도로 절차가 간단하며, 법원 경매 방식이 호가제에서 서면 입찰제로 바뀌면서 경매 브로커 개입 없이 안심하고 참여가 가능하다.

넷째, 고수익 재테크 수단이 된다. 기본 경매 입찰 과정만 익히면 2~3일 정도의 짧은 시간을 투자해 수익을 올릴 수 있는 매력적인 재테크 수단으로, 경매의 기본기를 철저히 습득하고 충분한 임장 활동을 한다면 고수익이 가능하다.

시간적 여유가 있는 50대라면 경매는 정말 매력적인 투자 방법이지만, 그만큼 발품을 팔고 공부를 해야 한다. 다음은 경매를 진행할 때 조심해야 하는 몇 가지이다.

첫째, 경매는 권리 분석이 복잡하다. 민법상 물권 이해 뿐 아니라 경매 절차, 유치권 성립 유무 등 경매와 관련한 광범위한 지식이 필요하고, 낙찰 후 숨은 대항력 있는 임차인이 있을 경우 보증금 전액 또는 일부를 물어 줘야 하는 경우도 발생할 수 있으며, 소송이 걸려 있거나 선순위 가등기가 있는 경우 소유권을 상실할 수도 있다.

둘째, 사전 확인의 어려움이 많다. 임차인이 보증금을 떼일 상황에 놓이게 되면 찾아온 사람들에게 부동산을 보여 주기가 쉽지 않아 현장 상황 파악이 어려울 수 있다.

셋째, 실질적인 소유권 취득과 부동산 인도가 지연되는 등 명도의 어려움이 있다. 이해 관계인이 항고할 경우 2~3개월의 기간이 소요되고, 법적인 힘을 빌리게 되면 많은 시간과 비용이 필요하며, 물건 번호가 여러 개인 경우 실제 등기 취득을 했더라도 입주까지 1년이 넘게 걸리는 경우도 있다.

넷째, 연기나 취하 등으로 경매가 미진행되어 헛고생을 할 때도 있다. 마음에 드는 물건이라 입찰장에 갔는데 변경, 연기나 취하 등으로 경매를 진행치 않는 경우가 있으며, 매각 후 잔금 납부시까지도 합의나 변제 등으로 경매를 취하하거나 취소하는 경우가 발생하기도 한다.

다섯 째, 꼼꼼한 자금 준비가 필요하다. 낙찰 후 45일 이내에 잔금의 90%를 납부해야 하기 때문에 경락잔금 납부 시 은행 대출이 안 되어 낭패를 볼 수 있다. 잔금 대출을 순조롭게 받지 못 하거나, 도로 등 대출이 안 되는 물건을 입찰할 경우 입찰 보증금만 날리게 될 수도 있다.

부동산 투자의 원리는 단순하다. (아마 모든 투자가 마찬가지겠지만) 싸게 사서 비싸게 파는 것이다. 경매나 공매의 매력이 여기에 있다. 시세보다 저렴하게 사서 비싸게 팔면 되는 것이다. 그러나 세상에 쉬운 일은 없다. 경매 한 건을 낙찰 받기 위해서는 부단한 노력과 준비가 필요하다. 경매를 한 번도 경험해 보지 않은 사람이라면 일단 아래에서 소개하는 사이트를 찾아가 감을 익혀 보는 것도 방법이다.

경·공매 추천 사이트

1) 대법원 경매정보

대법원이 제공하는 공식 경매 정보 사이트로, 물건을 빠르게 찾

고 임장 후 최종 서류나 기타 공적인 사실관계를 살필 때는 반드시 대법원 경매정보 사이트 정보를 체크한 후 입찰에 들어가야 한다. 화면 메인에 있는 빠른 물건 검색을 통해 원하는 법원 물건의 용도, 감정평가액, 최저 매각 가격, 면적, 유찰 횟수, 선순위나 유치권, 법정 지상권 등의 특이사항 등을 확인해 볼 수 있다.

사용자의 관심을 반영한 상세한 물건과 사건 정보를 제공하고, 다양한 물건 검색 기능이 있으며, 지도를 이용한 물건 검색이 가능하다. 매각 결과를 누구에게나 무상으로 통계와 그래프로 제공한다.

2) 경매마당

편의성이 좋다. 회원 가입이나 로그인 없이도 모든 정보를 무료로 열람 가능한데, 물론 회원가입을 하게 되면 관심 물건을 등록해서 변동하는 상황을 빠르고 편리하게 체크할 수 있다. PC뿐 아니라 스마트폰을 위한 모바일 페이지도 제공해 주는 덕분에 언제 어디서든 쉽게 이용 가능하여 법원 경매 정보를 확인할 때 보다 빠르게 대응할 수 있어 유용한 활용이 가능하다.

메인 화면에서 테마별 검색 서비스를 지원하는데 서울 아파트와 감정가 50% 이하, 1,000만 원 이하, 매각 기일 42주 이상, 임차인 없는 물건의 정보를 확인 가능하며, 각 테마와 내가 원하는 물건 또는 상황에 맞는 법원 경매 정보를 찾는 데 유용하다.

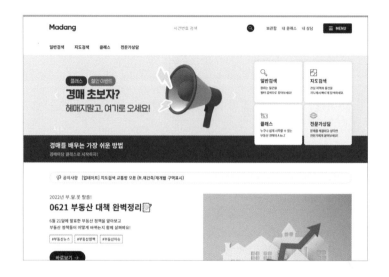

또한 일반 검색과 지도 검색을 지원하는데 일반 검색을 통해서는 등록된 모든 물건에 대한 법원 경매 정보를 사건 번호와 매각기일, 건물 면적, 토지 면적, 감정가 그리고 최저가로 구분하여 확인할 수 있다. 원하는 물건의 검색을 원한다면 법원별, 소재지 및 사건 번호를 입력해서 검색을 하거나, 물건 용도(아파트, 오피스텔, 다세대, 단독주택, 상가 등)에 따른 검색 또는 보다 상세한 정보를 입력하여 찾아 볼 수 있다.

지도 검색은 최근에 추가된 서비스로 지도 위에 표시된 물건과 가격을 보며 원하는 물건을 찾을 때 편리한데, 만약 용도와 가격 그리고 진행 중인 물건을 검색하고 싶다면 조건을 선택해 검색 시 본인의 조건에 맞는 물건을 찾는 것이 가능하고, 가격을 0

원에서 무제한으로 설정하여 본인의 자산에 맞는 물건 검색을 쉽고 빠르게 진행할 수 있어 편리하다. 경매마당 서비스가 유튜브에 개설되어 있어 필요한 부분을 동영상 강의로 찾아 볼 수 있다.

3) 네이버부동산 경매

경매 물건을 검색하고 한 달에 3건까지 등기부등본을 무료로 열람 가능한데, '무료조회물건'을 선택하면 초보자들이 접근하기 쉬운 권리 분석상 문제가 없는 물건들을 무료로 조회 가능하다.

4) 유료 경매 사이트

대표적인 유료 경매 사이트에는 지지옥션, 굿옥션, 스피드옥션, 탱크 옥션 등이 있다. 가장 오래된 사이트는 지지옥션이고 이후 굿옥션, 스피드옥션, 탱크 옥션 순이다. 경매를 자주하는 사람이라면 분명 유료 경매 사이트에 가입해 공짜로 얻을 수 없는 고급 정보를 얻고 있을 것이다. 작은 정보 하나에도 낙찰 유무가 결정되는 곳이 바로 경매의 세계이기 때문이다.

• **지지옥션**: 유료 경매 사이트 중 가장 많은 회원을 보유하고 있는 곳 중 하나이다. 이용료가 가장 비싸지만 그만큼 인터페이스가 깔끔하고 정보를 보기에도 매우 편리하다는 장점이 있다. 전국 1년 이용료는 114만 7,000원이다.

• **굿옥션**: 경매 유튜버나 강의 책자에서 가장 많이 활용되는 곳이다. 스마트폰 전용 앱이 있다는 장점이 있지만 기타 사이트에 비해 인터페이스가 조금 불편하다는 평가도 있다. 전국 1년 이용료는 92만 6,000원이다. 참고로 네이버 경매에 접속하면 매달 3회씩 굿옥션의 경·공매 정보를 무료로 확인할 수 있다.

• **스피드옥션**: 굿옥션과 지지옥션의 중간쯤에 위치한 경매 사이트라는 평가가 있다. 1년 전국 이용료는 65만 원으로 저렴한 편이다. 전국 1년 단위 결제 시 경매 관련 책자를 1권 무료로 받아볼 수 있다는 장점이 있다.

• **탱크 옥션**: 다른 경매 사이트에 비해 특별한 장점이 있다고 평

가되지는 않지만 전국 1년 이용료가 50만 원으로 꽤 저렴한 편이다. 가성비가 좋다는 평가가 많아 초보 경매 투자자들의 선택을 많이 받는 사이트다.

5) 온비드

온비드는 한국자산관리공사가 운영하고 있는 공매시스템으로, 물건의 검색부터 입찰까지 모든 과정을 온라인으로 진행할 수 있다. 중앙정부 및 지방정부, 교육기관, 공공기관이 내놓은 부동산·동산을 일반 국민에 판매하는 중개사 역할을 담당하는데, 공매 물품은 아파트, 상가, 토지 등 부동산과, 자동차, 명품 시계, 명품 가방, 귀금속 등 다양하며, 이외에도 매물은 주로 세금 체납·

벌금 징수 등에 따른 압류 재산, 각 관공서에서 사용 연한이 지난
국·공유 재산 등이다.

법원 경매, 초심자가 지켜야 할 10가지

50대가 되면 세상 돌아가는 일이며 돈 버는 일에 대해서는 어느
정도 안다고 자부할 수 있다. 그런데 경매는 좋은 부동산을 곧장
사는 것과는 다르다. 철저한 준비 없이 달려들었다가는 큰코다치
게 마련이다. 그저 적은 종잣돈으로 부동산을 소유할 수 있다는
희망에 부풀어 주관적인 판단만으로 물건의 장단점을 분석해서
는 안 된다. 이를테면 '내가 그 동네 살아 봤는데 거기 괜찮아'라
든가, '그 동네 예전에 누가 살았는데 돈 많이 벌어서 나갔대' 같
은 생각에 투자를 결정하지는 말자.

50대가 되도 해 보지 않은 건 모르고 모르면 배우면 된다. 아래
는 경매 초심자가 지켜야 할 10가지 마음 자세이다.

첫째, 감정가 맹신은 금물이다. 감정가는 입찰 6개월 전에 감정
되어 현 시세와 다르므로, 반드시 현 시세를 파악한 후 10~30%
싸게 낙찰 받아야 한다.

둘째, 현장 확인은 필수다. 위치 확인이 어려운 물건은 현지 사
정에 밝은 전문가와 함께 확인해야 하며, 직접 현장을 방문하되

자신이 없으면 입찰을 포기하자.

셋째, 권리 관계를 철저히 분석하자. 여러 번 유찰된 물건일수록 권리 관계가 복잡하거나 임차 금액을 물어 줄 가능성이 높으므로 경매 초보가 풀기에 복잡한 권리 관계를 갖고 있으면 반드시 전문가와 상의하자.

넷째, 입주 시기는 넉넉히 잡아야 한다. 법원 절차에 따라 진행되지만 입주가 지연될 수도 있고 특수 물건인 경우 입주 시기를 가늠하기 힘들기 때문에 입주 시기는 넉넉히 잡도록 하자.

다섯째, 낙찰 후 부대 비용을 미리 생각하자. 일반 매매에 비해 예상치 못한 비용이 들어가므로 충분히 확인 후 낙찰 금액을 정하도록 하자. 낙찰 후 명도까지 기회 비용, 세입자의 이사와 집행 비용, 관리비 체납 비용, 기타 인수 비용 등을 충분히 감안토록 하자.

여섯째, 구체적인 자금 계획을 미리 세워야 한다. 입찰보증금은 낙찰 금액의 10%이며, 낙찰일부터 40일 이내에 잔금을 납입해야 하고, 잔금 미납 시 입찰보증금은 법원에 귀속되어 돌려받을 수 없으므로 입찰 전부터 자금 계획을 튼튼히 세워 놓도록 하자.

일곱째, 입찰장에서의 사소한 실수에 주의하자. 입찰 서류를 잘못 기재하거나 입찰 보증금 부족, 대리인 응찰 시 본인 인감증명서 미첨부 등으로 인해 입찰 자격이 취소될 수 있으므로 확실한 주의가 필요하며, 입찰가액 작성 시 숫자 '0'을 더 쓰거나 덜 쓰는 일이 없도록 각별히 주의를 기울이자.

여덟째, 입찰장 분위기에 휩쓸리지 말자. 입찰 물건의 경쟁률이 높아지면 나도 모르게 동요되어 자칫 시세보다 높게 낙찰을 받아 손해를 볼 수도 있으므로 현장 상황에 동요되지 말고 사전에 결정한 가격으로 응찰하자.

아홉째, 연기나 변경이 잦으면 요주의 물건이다. 수익성 부동산은 채무자가 법원에 경매 연기를 신청하거나 이자를 일부 갚은 후 연기 신청을 하고 낙찰 직전 돈을 갚으면 경매가 취소된다. 보통 채권자의 채권 청구 금액이 큰 물건을 고르면 쉽게 취하되는 일이 발생하지 않는다.

열째, 자신만의 경쟁력을 키우자. 경쟁자들이 생각지도 못하는 응찰 물건의 내재 가치까지 판단할 줄 알아야 하며, 자신이 모르는 분야에 대해서는 전문가와 상의하여 출구전략을 짜도록 하자.

경매 절차

1) 경매 신청 및 경매개시결정

채권자가 경매 신청을 하면 법원은 경매개시결정을 하여 매각할 부동산을 압류하고 관할등기소에 경매개시결정의 기입 등기를 촉탁하여 경매개시결정 사실을 등기 기록에 기입한다. 법원은 경매개시결정 정본을 채무자에게 송달한다. 금전을 빌려준 A(채권자)와 돈을 빌린 B(채무자)가 있다고 치면, A가 돈을 회수할 시기가 지났을 때 B가 가진 부동산을 처분하여 회수하기 위해 법원에 경매 신청을 할 수 있는 것이다.

2) 배당요구의 종기 결정 및 공고

매각할 부동산이 압류되면 집행 법원은 채권자들이 배당요구를 할 수 있는 기간을 첫 매각 기일 이전으로 정한다. 법원은 경매개시결정에 따른 압류의 효력이 생긴 때부터 1주일 안에 경매개시결정을 한 취지와 배당요구의 종기를 법원 경매 정보 홈페이지의 법원 경매 공고란 또는 법원 게시판에 게시하는 방법으로 공고한다.

배당요구란 강제 집행에 있어서 압류채권자 이외의 채권자가 집행에 참가하여 변제를 받는 방법으로 상법 등에 의하여 우선변제청구권이 있는 채권자나 집행력 있는 정본을 가진 채권자, 경매개시결정 등기 후에 가압류를 한 채권자가 법원에 대하여 배당요구를 신청할 수 있다.

배당요구종기까지 배당요구를 해야 하며, 이때까지 요구하지 않으면 매각 대금으로부터 배당받을 수 없고, 그 후 배당을 받은 후순위 채권자를 상대로 부당이득반환청구를 할 수도 없다. 경매를 진행하기 앞서 A(채권자) 외 채무 관계가 있는 다른 채권자가 집행에 참여 여부를(여기서 그 채무의 규모에 따라 또는 시기에 따라 권리 관계가 달라질 수 있다) 공고한다.

3) 매각의 준비

법원은 집행관에게 매각할 부동산의 현상, 점유 관계, 차임 또는 보증금의 액수, 기타 현황에 관하여 조사를 명하고, 감정인에게 매각할 부동산을 평가한다. 법원은 감정인의 평가액을 참작하여 최저 매각 가격을 정한다. 감정 평가액은 그 시기에 평가를 한 것으로 경매를 하는 시점과 차이가 있을 수 있다. 그러나 점유 관계, 차임, 보증금, 이해관계 등 입찰에 필요한 중요한 정보를 이때 정리하고 표기한다. 그리고 감정인의 평가는 특별한 사항이 아니라면 입찰 시 기준이 되기에 중요하다.

4) 매각 방법 등의 지정, 공고, 통지

매각 방법으로는 첫째, 매수 신청인이 매각 기일에 매각 장소에서 입찰표를 제출하는 기일입찰 방법, 둘째, 매수 신청인이 지정된 입찰 기간 안에 직접 또는 우편으로 입찰표를 제출하는 기간입찰 방법이 있다. 법원은 두 방법 중 하나를 선택하고 매각 기일 등을 지정하여 통지, 공고한다.

5) 매각의 실시

기일입찰의 경우 집행관이 미리 지정된 매각 기일에 매각 장소에서 입찰을 실시하여 최고가 매수신고인과 차순위 매수신고인을 정한다. 기간입찰의 경우 집행관이 입찰 기간 동안 입찰 봉투를 접수하여 보관하다가 매각 기일에 개봉하여 최고가 매수신고인과 차순위 매수신고인을 정한다. 기일입찰과 달리 매각 기일에는 입찰을 실시하지 않는다.

6) 매각 결정 절차

법원은 지정된 매각 결정 기일에 이해관계인의 의견을 들은 후 매각 허가 여부를 결정한다. 매각 허가 여부의 결정에 불복하는 이해관계인은 즉시항고를 할 수 있다.

7) 매각 대금의 납부

매각 허가 결정이 확정되면 법원은 매각 대금의 지급 기한을 정하여 매수인에게 매각 대금의 납부를 명한다. 매수인은 지정된 지급 기한 안에는 언제든지 매각 대금을 납부할 수 있다. 매수인이 지정된 지급 기한까지 매각 대금을 모두 납부하지 아니하면, 법원은 차순위 매수신고인이 있는 경우 그에 대하여 매각을 허가할 것인지를 결정하고 차순위 매수신고인이 없는 경우에는 재매각을 명한다.

8) 소유권 이전 등기 등의 촉탁, 부동산 인도 명령

매수인은 대금을 모두 납부하면 부동산의 소유권을 취득한다. 법원은 매수인이 필요한 서류를 제출하면 관할등기소에 매수인 명의의 소유권 이전 등기, 매수인이 인수하지 아니하는 부동산에 관한 부담의 말소 등기를 촉탁하게 된다. 매수인은 대금을 모두 납부한 후에는 부동산의 인도 명령을 신청할 수 있다.

9) 배당 절차

매수인이 매각 대금을 모두 납부하면 법원은 배당 기일을 정하고 이해관계인과 배당을 요구한 채권자에게 그 기일을 통지하여 배당을 실시하게 된다. 낙찰자(매수인)의 대금 납부가 완료되었으니 마지막으로 법원에서는 그 부동산에 이해관계가 있는 채권자(또는 채권자들)에게 배당을 시행한다.

· 12 ·
부동산 자산이 총 자산의
50% 이상인 50대라면?

나이가 들수록 부동산 자산 비율을 줄이라고 조언하고 싶다. 우리나라에서 은퇴를 앞둔 50대 가구주 가계의 평균 자산은 5억 900만 원인데, 부동산 비중이 약 75%에 달한다. 자산 대부분이 부동산에 묶여 있는 것이다. 당장 돈을 벌고 있으니 현금의 필요성이 크게 느껴지지 않지만, 60대가 되고 70대가 되면 근로소득이 없거나 줄어들기 때문에 현금 흐름이 매우 중요하다.

그래서 많은 사람들이 은퇴 후 퇴직금으로 프랜차이즈 사업에 뛰어들어 자영업자가 되기도 한다. 하지만 잘 알고 있듯이 치킨 프랜차이즈나 커피 프랜차이즈에 뛰어든다고 해서 누구나 성공하는 것은 아니다. 과도한 스트레스를 겪다가 결국 사업을 접는 경우를 허다하게 보았다. 그들이 나에게 조언을 구하러 왔을 때, 그들 대부분이 자산은 있는데 현금이 없어 당장 생활할 수 있는 여력이 안 되는 경우였다.

50대가 되면 노후를 고려하여 보유 자산의 효율성을 높여야 한다. 직장에서 은퇴를 앞둔 50대라면 더더욱 자산 포트폴리오를 재구성해서 현금이 들어오는 시스템을 만들어 놓아야 한다. 물론 부동산으로 돈을 벌었다는 사람들의 이야기가 여기저기서 쏟아지는데 가지고 있는 부동산을 정리한다는 것은 어려운 결정이다.

내가 알고 지내는 K 부장은 중소기업에 다니다가 지난해 퇴직 했는데 서울에 아파트 두 채를 가지고 있다. 한 채는 지금 살고 있는 집이고, 한 채는 투자 차원에서 보유하고 있는 집이다. 현재 살고 있는 집에 대출금은 없고, 투자 차원에서 구입한 아파트는 전세로 돌려 대출금을 갚는 데 전세금을 썼다. 전세를 끼고 아파트를 산 것이다. 그런데 막상 퇴직을 하고 보니 생활비가 부족했다. 자녀는 이제 갓 직장 생활을 시작해 부담은 조금 덜었지만 소비를 줄여도 생활비는 늘 부족했다. 결국 생활비를 마련하기 위해 전세를 끼고 산 아파트를 급매로 내놓을 수밖에 없었다.

이렇게 부채 부담을 견디기 힘들어지면 보유한 부동산을 생각지도 못한 헐값에 매각해야 하는 상황에 처하게 된다. 따라서 궁지에 몰리기 전에 부동산의 비중을 낮추고 금융자산을 높여 노후 자금으로 활용할 수 있는 금융 수익, 즉 현금 흐름을 높이는 구조를 만드는 것이 바람직하다.

미국, 일본 등 주요 선진국 가계의 자산 구조는 금융자산 비중이 50%가량을 차지하고 있다. 부동산 비중의 조절은 전적으로 개인의 노후 계획과 생활비 구조에 따라 달라질 수 있지만 보다 안전한 노후를 위해서는 현금 자산이 반드시 필요하다. 그러나 국민연금과 퇴직연금, 개인연금 및 여유 자산 등으로 부채의 증가 없이 생활비 충당이 가능하다면, 가계 자산 내 부동산 비중이 평균보다 높다 해도 현재의 부동산 보유는 적정한 것으로 평가할 수 있고 군이 부동산 비중을 낮출 필요는 없다. 그러나 은퇴 후 들어오는 현금이 전혀 없는데 부동산만 끼고 있다면 절반은 정리하는 게 효율적이다.

집 한 채를 가지고 있는데 들어오는 현금이 없는 50대도 마찬가지다. 지금 당장 팔 필요는 없지만 앞으로 10년 안에 현금 흐름이 좋지 않을 것을 예상한다면 현재 살고 있는 집을 정리해 집 규모를 줄이고 남은 돈으로 월세 수익을 얻을 수 있는 상가, 오피스텔, 소형 아파트 등을 알아보는 게 좋다. 물론 그러지 않기 위해서 펀드나 주식, 연금 등에 미리 발을 들여 놓는 것도 좋은 방법이다.

지금 50대라면 은퇴 후 한 달에 얼마의 생활비가 필요한지, 어느 정도 금액이면 궁핍하게 지내지 않을지, 자녀가 결혼할 때 얼마가 들지, 60살이 되면, 70살이 되면 과연 어떤 소득으로 먹고 살지 등을 계획하도록 하자. 생각보다 노후는 금방이다.

·13·

안정적인 수익형 부동산을
노린다면?

50대는 직장 생활을 통해 생활비를 조달할 수 있는 여건이 줄어
드는 시기이므로 자산 중에서 현금 유동성 비율이 높아야 하며,
월급을 대체할 만한 안정적인 소득(월세)이 필요하다. 목돈이 많
이 들어가지 않으면서 안정적인 월세 수익이 가능한 수익형 부동
산 투자에 대해 알아보자.

초보자에게 적합한 오피스텔 임대

50대에 부동산 투자를 처음 시작한다면 거액이 오가는 아파트 투자보다 월세가 나오는 오피스텔 투자를 알아보는 것도 좋은 방법이다. 오피스텔은 아파트나 주택에 비해 저렴하여 자금 부담이 적고, 세입자가 상대적으로 전문직이나 고소득인 경우가 많아 월세 밀릴 걱정을 덜 해도 된다는 상점이 있는데 반해 시세 차익을 얻기는 힘들다는 점 또한 감안하자.

좋은 오피스텔을 구하기 위한 조건은 다음과 같다.

첫째, 가격이 싼 오피스텔을 구하자. 'r114'와 같은 부동산 사이트에서 해당 지역이나 '동'을 검색하면 관련 오피스텔을 찾아볼 수 있다. 매매 가격이 상대적으로 저렴한 오피스텔을 체크하여 지역 상권이나 건축 연도 등을 체크해 보고 부동산을 통해 월세가 잘 나가는지 등도 꼼꼼히 파악한 뒤 구입하도록 하자. 오피스텔은 도시생활형 주택과 소형 아파트의 중간급으로 월소득 300만 원대의 1인 가구가 주거비로 30% 정도를 사용한다고 하면 월세 100만 원을 넘지 말아야 한다.

둘째, 임대 수요가 많은 곳의 오피스텔을 구하라. 오피스텔 수요자인 기업체나 공장근로자, 대학병원, 대학교 등이 인근에 있는지, 시내 접근성이 좋은지, 역세권인지를 꼼꼼히 체크하여 둘 이상의 조건을 충족하는 곳을 고르도록 한다. 예를 들어 지방에 소재한 대학교 학생들을 대상으로 오피스텔을 구입했는데 지방 대학이 폐쇄되거나, 코로나 등으로 온라인 교육이 활성화되면 이 오피스텔은 공실이 되고, 특정 기업체를 겨냥한 오피스텔을 구입했는데 회사가 망하면 오피스텔은 무용지물이 되기 때문이다.

셋째, 최근 오피스텔이 대량 공급된 지역을 피하라. 일시적인 공급 증가로 임차인 확보가 힘들고, 임대료가 단기적으로 하락할 가능성이 높다.

넷째, 회전율이 짧은 곳을 골라라. 공실이 생기면 임대 소득 없이 관리비만 부담해야 하므로 임대 계약 만료 후 재임대까지 소요 시간이 적은(공실 기간이 짧은) 곳을 공략해야 한다. 오피스텔을 사기 전에 올라오는 부동산 매물을 잘 살펴보자. 매물이 올라오는 대로 금방 빠지면 회전율이 좋은 곳이다. 오피스텔이 소재한 부동산 몇 군데에 오피스텔 월세 내용들을 잘 찾아보면 규모는 비슷하지만 상대적으로 월세가 많은 오피스텔을 찾을 수 있다.

다섯째, 세금을 잘 파악하라. 오피스텔은 숙식이 가능한 업무용 시설이지만 주거용으로도 사용할 수 있기 때문에 어떤 용도로 사용하느냐에 따라 주거용과 업무용으로 나눌 수 있는데, 오피스텔이 주민등록 거주지에 등록되어 있는 경우라면 주거용 오피스텔이고, 사업자등록이 되어 있는 경우라면 업무용 오피스텔로 인정된다. 그렇기 때문에 사용하는 용도에 따라 각각 적용하는 세금도 달라지게 되는데, 주거 용도로 사용할 경우 주택으로 인정되기 때문에 주택에 대한 세금이 과세되고, 업무용으로 사용하게 되면 업무 시설로 과세되는데, 자세한 내용은 아래 표와 같다.

업무용	주거용
전입신고불가(전세권설정가능)	전입신고가능
주택 수 미포함	주택 수 포함 (분양권은 청약식 주택 수 미포함)
부가가치세 발생 (일반사업자등록 시 환급가능)	부가가치세 일부면제 (85㎡이하 건물부분 부가세)
양도소득세 발생	양도소득세 비과세 (매도인이 1주택인 경우만 포함)
취득세 감면불가	취득세 일부감면

소액으로 투자하는 소형 빌라, 소형 아파트

요즘 아파트 가격은 오를 대로 올랐다. 아무리 여유 자금이 있는 50대라도 지금 아파트에 투자하기란 쉽지 않다. 전세를 끼고 아파트를 구입하는 방법도 있지만 이제 막 부동산 투자를 시작한 사람이라면 엄두가 나지 않을 것이다. 그럴 때는 소형 빌라에 투자하는 것도 방법이다. 소형 빌라는 대표적인 서민들의 주거용 주택으로, 4층 이하를 연립주택, 흔히 '빌라'라고 부르는데, 요즘같이 아파트 매매나 전세가가 폭등하는 시점에 관리비도 없고 거주 비용도 저렴하여 임대 기회가 높은 편이다.

투자 포인트는 '지역'이라는 숲과 '매물'이라는 나무를 종합 고려한 입지 선택인데, 지역 호재가 숨어 있고 아파트 밀집 지역보다 일반 주택이 많은 지역의 빌라를 골라야 한다. 빌라의 준공 연한도 챙겨야 하는데, 구입 가격은 저렴하나 수도, 가스관 노후로 수리 비용이 많이 들 수 있으므로 지은 지 20년 이내의 빌라를 선택하도록 한다. 반지하보다는 1, 2층이 나은데 햇볕이나 통풍이 잘 되어야 결로 현상이 없고, 벽에 곰팡이가 생기지 않아 수리나 관리 비용이 적게 든다.

앞에서도 강조했지만 50대에게 소형 아파트는 더없이 좋은 투자처다. 큰 출혈 없이 소형 아파트를 매매할 수 있다면 더더욱 그러한데 이 작은 아파트의 월세 수익이 따뜻한 노후를 보장하기 때문이다. 청약이나 매매에서 인기몰이를 하는 평수 역시 중소형 아파트들로 청약 경쟁률은 대형 아파트보다 2배 이상 높고, 매매 가격 상승세도 두드러진다. 이 같은 추세는 1~2인 가구 증가세와 저출산 현상에 기인하는데, 우리나라 전체 가구 중 1~2인 가구가 차지하는 비중이 2020년 58.4%에서 2045년 71.3%까지 증가할 것으로 예상됨에 따라 중소형 아파트의 인기는 당분간 지속될 것으로 보여진다.

게다가 중소형 아파트의 경우 수요에 비해 공급량이 많지 않은데 전국의 소형 아파트 분양 물량은 꾸준히 감소 중이며, 지난 10년간 전용 $60m^2$ 이하 소형 아파트는 전체 아파트 공급량의 16.5%에 불과하다. 아파트 평형 설계 개선으로 전용 $59m^2$ 소형 아파트에도 포베이(4bay) 평면, 기둥 없는 거실, 틈새 면적, 발코

TYPE
59A

층	㎡	평
전용면적	59.84	18.10
공급면적	86.88	26.19
계약면적	129.57	39.19
서비스면적		
실사용(전용+서비스)		

TYPE
59B

층	㎡	평
전용면적	58.95	18.01
공급면적	86.57	26.19
계약면적	129.06	39.04
서비스면적		
실사용(전용+서비스)		

니 확장 등을 적용해 통상 16㎡(5평) 이상의 서비스 면적을 제공,
공간 활용도가 훨씬 높아졌고, 소형 아파트일수록 3.3㎡당 시세
상승폭은 크지만 평형이 작아 분양가 총액이 중대형 아파트보다
저렴하다 보니 수요자는 더욱 몰리는 추세이다. 게다가 대출 규

제 강화와 시중금리 인상으로 대출 부담이 커질 것으로 예상되다 보니 상대적으로 가격 부담이 적은 전용 $59m^2$ 소형 아파트에 대한 쏠림 현상은 계속될 것으로 예상된다.

소형 아파트의 경우 교통(역세권), 상권(상업지+업무지), 학군, 공원 등의 입지에 따라 가격 변동성이 커지는데, 가구당 식구 수가 적은 소형 아파트는 교통 여건이 가장 중요한 요소이므로 도보로 5분 이내 지하철역이 위치해 있으면 좋다. 또 재건축 연한이 가까운 단지 또는 관리가 편리한 신규 단지로 가격 상승 호재가 있는 곳을 선택하면 좋은데 현재 재건축 연한은 30년이지만 40년으로 늘리자는 의견이 있으며 연한만 채운다고 무조건 통과되는 것이 아니라 정밀 안전 진단도 거쳐야 하며 막상 재건축이 결정돼도 새 아파트가 들어설 때까지는 긴 시간 인내가 필요하다.

소형 아파트는 단기적으로 고평가되어 있는 지역이 많으므로 선별하여 접근하는게 좋은데 주변 동일 평수, 동일 여건 아파트 대비 가격이 너무 비싼 아파트는 지양한다. 만약 지방에 있는 소형 아파트를 알아보고 있다면 양도차익보다는 철저하게 월세 수요, 월세 수입으로 접근하는 것이 좋다. 현재 가진 돈이 많지 않다면 매수할 때 전세를 낀 물건을 사는 것도 방법인데 전세가 만료되면 월세나 전월세로 전환하는 게 좋다. 금리가 높을 때는 전세로 돌려서 이자 부담을 줄이고, 금리가 낮을 때는 월세로 전환한다.

미분양 아파트나 중대형 아파트를 권하지 않는 이유는 너무 큰 투자금이 한꺼번에 들어 돈이 묶이기 때문이다. 50대에게 돈이 묶이는 건 치명적이다. 만약 여유 시간이 많다면 자신이 잘 아는 지역 외에 다른 지역, 더 먼 지방까지 두루 살피자. 발품을 팔아야 한다. 물론 시간이 없다면 자신이 가장 잘 아는 지역에 투자하는 게 최선이다.

수익형 부동산의 꽃, 상가 투자

예전엔 월급만큼 괜찮은 소득을 가져다주는 최고의 상품이 대로 변 상가였다. 특히 강북 사대문, 강남 테헤란로 주변은 부르는 게 값일 정도로 월세도 잘 나오고 가격도 좋은 투자 대상이었는데, 요즘 종로나 명동, 잘 나가는 홍대 거리나 강남 가로수길을 가 보면 1층 상가의 경우 두 집 건너 한 집이 임대로 나와 있을 정도로 공실이 많은 상황이다. 이러한 원인은 크게 두 가지로 볼 수 있다. 대형마트나 아웃렛, 백화점을 이용하는 소비 추세로의 변화, 그리고 코로나로 인한 비대면 온라인 쇼핑의 활성화가 그것이다. 이러한 추세는 코로나 이후에도 트렌드로 자리 잡게 될 확률이 높기 때문에 상가 투자는 가장 신중하게 접근해야 할 상품임을 염두에 두자.

상가 투자의 경우 초기 투자 비용이 많고 위험 부담이 커서 투자에 많은 주의가 필요하다. 상가는 보통 기존 상가와 분양 상가로 구분되는데 기존 상가의 경우 권리금이 있으며 권리금이 형성되지 않는 상가는 그만큼 가치가 떨어진 것이고, 분양 상가의 경우 권리금이 없는 만큼 아직 검증되지 않은 상가임을 명심하자. 상권 역시 신설 도로나 KTX 등 교통 여건이나 학군 등 다양한 변수를 품고 있으므로 투자 전 꼼꼼한 상권 분석은 매우 중요하다.

그런데 우리나라의 핵심 상권은 비교적 짧은 시간에 바뀐다는 특징이 있다. 특히 코로나 이전과 이후의 핵심 상권이 여실히 달라진 데서 볼 수 있듯이 트렌드 예측을 통해 좋은 상권을 보는 통찰력이 반드시 필요하다.

업종이나 위치가 독점적인지 살피는 것도 중요한데 주변 100m를 둘러보았을 때 동일한 업종은 경쟁 대상이 될 수 있다. 대로변이 비싸서 조금 안쪽에 있는 점포를 선택했는데 대로변에 경쟁 업종이 들어오면 즉각 타격을 입을 수 있으므로 유동성 인구의 연령대나 주된 구매 대상들을 조사한 마케팅 자료를 참고하여 업종 선정에 신중을 기하도록 하자.

매월 임차인에게 월세를 받는 건 행복한 일이기도 하지만 엄청난 스트레스이기도 하다. 관리 상가의 수가 늘어나면 상가 관리 전문가에게 의뢰하는 것도 좋은 방법이다. 마지막으로 분양 상가는 공유 면적이 크고 전용율이 낮은 상가도 많으므로 매입 전 반드시 전용율을 확인해야 한다. 건축물대장을 보면 전체 면적이 나오고 전용 면적, 즉 상가 전용으로 쓸 수 있는 공간이 나오는데, 업종에 따라 최소로 유지해야 할 공간이 필요하다. 예를 들어 음식점의 경우 주방 공간과 손님들이 식사를 할 수 있는 공간으로 5평 이상의 전용 공간이 필요하다. 전용율은 전체 면적의 50% 이상을 차지하면 좋다.

안정적 투자가 장점인 단지 내 상가를 노려 보는 것도 좋은데, 아래는 단지 내 상가의 투자 원칙 5가지이다.

첫째, 1,000세대 이상 규모의 아파트 상가여야 한다. 기본 세대수 이상이어야 상업성을 지닌다.

둘째, 주 출입구에 상가가 입지해야 한다. 주민들 대다수가 주로 이용하는 가장 독점적인 곳의 상가에 위치해야 한다.

셋째, 반드시 2차선 이상 차도에 접해야 한다. 주차 후 방문이 편리해야 한다.

넷째, 1층 상가가 환금성이 좋다. 2층 이상으로 올라가면 접근성이 떨어진다.

다섯째, 입주 5년차 이상 상가를 선택하자. 5년이 지나면 초기의 부침을 지나 어느 정도 고정 고객 확보가 가능하다.

단지 내 상가는 아파트 입주민을 대상으로 운영하기 때문에 경기에 관계없이 수익이 꾸준한 게 장점이다. 통상 배후 아파트 100가구당 평균 1개 점포 수준으로 들어서는데 배후 수요가 많고 과잉 공급 우려가 적기 때문에 임차인 모집에 유리한 편이다.

같은 단지 내 상가라도 배후 단지 규모가 1,000가구를 넘는 단지 내 상가 투자가 유리한데, 단 주변에 대형마트나 근린상가가 있다면 수요가 분산될 수 있으니 주의해야 한다. 대신 새로 입주하는 아파트 단지 내 상가에 투자할 때는 아파트 입주율을 잘 지켜보는 것이 좋다. 아파트 입주율은 상권 형성에 결정적인 변수이기 때문이다. 아파트 입주가 완료된 후 상권이 자리 잡는 데까지는 적어도 2~3년 정도가 걸린다. 입주 시기를 충분히 고려해 상가 투자 기간과 자금 마련 계획을 세워야 한다.

최근에는 재건축 사업을 진행 중인 아파트 단지 내 상가에 투자해 두려는 수요도 부쩍 늘었다. 재건축 사업을 진행 중인 단지 내 상가 소유자는 '상가 조합원' 자격을 갖기 때문인데 상가와 같은 근린생활시설은 주택에 매겨지는 세금 부담에서 자유롭다. 만약 재건축 조합이 상가 조합원에게도 주택을 분양하기로 했다면 금상첨화다. 예컨대 서울 서초구 신반포2차 재건축 조합은 지난해 상가 조합원에게도 상가 대신 아파트를 받을 수 있도록 정관을 개정하여 상가 조합이 주택을 선택할 수 있는 가능성이 커졌다.

최근 재건축 시장에서는 상가 조합원에게도 주택을 분양해야 재건축 동의율이 높아지고, 일반 분양 주택 수가 줄어 재건축 초과 이익 환수액이 감소한다는 분위기가 형성되면서 알음알음 재건축 단지 내 상가 매물을 찾는 투자자가 늘고 있다.

50대에게 오피스텔, 소형 빌라, 작은 아파트, 상가 등을 추천하는 이유는 단순하다. 큰돈이 묶이지 않기 때문이다. 더 나이 들어 생활비로 쓸 수 있는 현금을 마련하기 위해 지금부터라도 노력하는 자세가 필요하다. 큰 아파트나 대형 상가도 좋지만 발품 팔고 직접 뛰며 찾은 작고 쏠쏠한 물건들이 당신의 따뜻한 노후를 보장할 것이다.

· 14 ·
살면서 월세 받는
부동산을 원한다면?

이제 61세가 된 김 사장은 50대에 가장 잘한 일로 상가주택을 산 일을 꼽는다. 해당 주택 4층에 거주하면서 1층에서 유기농 과일 등을 갈아 주는 주스 가게를 하고 있는데 수입도 썩 괜찮다. 하지만 처음부터 좋았던 건 아니다. 주변에 대형마트가 있었는데도 불구하고 야심차게 슈퍼마켓을 열었다가 손해만 보고 문을 닫던 적도 있다. 주변 환경에 맞는 적절한 아이템을 연구할 필요가 있었는데 무턱대고 장사를 시작한 게 화근이었다.

상가주택은 하나의 건물에 주거용과 비주거용이 같이 있는 단독주택을 말한다. 단독주택 용지는 최고 4층까지, 1층에 상가, 2

층 사무실, 3, 4층은 주택이다. 최근에는 이런 상가주택을 지을 수 있는 단독 택지를 분양받으려는 수요가 급증하고 있다. 이런 곳에 투자를 할 때는 입지를 우선적으로 고려해야 하는데, 도로를 끼고 있는 곳, 배후 고정 고객이 몰릴 수 있는 유동인구 풍부한 역세권이나 사무실 밀집 지역이면 더욱 좋다.

순수 주거지역이라도 주변이 먹자골목으로 특화될 수 있는 곳도 나쁘지 않다. 상가 입점 시에는 업종을 잘 살펴야 하는데 지역 주민이 필요로 하지만 아직 입점되지 않은 아이템이 어떤 것인지 체크해야 한다. 위에서 소개한 김 사장은 동네에 20~30대 주민들이 많다는 것을 파악한 후 유기농 과일을 바로 갈아서 이유식으로 만들어 주는 가게를 열었다.

수익률 또한 중요한 요소다. 도심 상가주택은 수요가 많다 보니 값이 올라 투자 수익률이 떨어진다. 보유세와 유지 보수 비용, 인건비를 제한 수입이 정기예금 금리의 3배 정도가 되어야 수익이 좋다고 볼 수 있다. 서울과 수도권의 경우 매입 단가는 상승하는데 임대료는 현상 유지인 곳도 많아 임대수익률을 고려하여 상가 매입을 결정하는 것이 중요하다.

60대, 70대 이상이 되면 갑작스럽게 어떤 일이 생길지 예측하기 어렵다. 따라서 상가주택을 구할 때는 원하는 시점에 처분이 가능할 만큼 매도 여건도 좋아야 한다. 중심상권인 랜드마크와의 거리가 어느 정도인지, 지하철, 버스 정류장 등이 인접해 있는지,

상시 유동인구가 많은 편인지 등을 확실히 분석하고 투자하자.

다가구 주택에 거주하며 임대수익 올리기

처음에 다가구 주택을 구입할 때는 거주 공간을 뺀 나머지 공간을 전세를 낀 상태에서 구입했다가 자금이 준비되면 전세를 월세로 전환해 자금 부담을 낮출 수 있다.

다가구 주택이란 주택으로 쓰이는 면적이 $660\,m^2$ 미만, 층수는 3층이며 세대수는 19세대 이하가 거주하는 단독주택을 말한다. 집주인이 거주하면서 나머지 가구에 세를 주고 임대수익을 올리는 구조다. 입지가 좋고, 재건축이나 재개발 여지가 있는 오래된 다가구 주택을 싸게 구입하여 리모델링을 하면 향후 매매 차익을 기대해 볼 수 있고, 안정적인 임대수익을 올릴 수도 있다. 나이가 들수록 안정적인 임대수익으로 현금 흐름을 만들어 낼 수 있는 다가구 주택이 매력적으로 다가온다.

무엇보다 투자 대상 물건을 잘 골라야 하는데, 오래된 주택을 저렴하게 구입할 경우 보통 토지 가격에 주택 가격이 거의 포함되지 않으므로 향후 리모델링이나 신축에 대비해 증개축이 가능한지 여부를 건축설계사무소를 통해 반드시 확인하고 건물의 노후 정도와 개조 후의 사업성을 충분히 검토하도록 하자(리모델링 비용 대비 건물의 가치 상승분, 준공 20년 미만의 주택을 선택).

또한 토지 모양과 진입로 및 용도 구역을 확인해야 한다. 재건축 등을 위해서는 마름모꼴이나 직사각형 같이 건축하기 어려운 토지보다는 어떤 목적으로도 건축이 용이한 정사각형의 토지 모양을 고르는 것이 좋다. 더불어 다가구가 1~3종 일반주거지역인지, 준주거지역인지 파악해 두는 것이 유리하다. 도시 관리 계획상 쾌적한 주거 환경을 조성하기 위해 주거지역을 1종, 2종, 3종으로 구분하는데, 이러한 주거지역의 차이는 바로 용적률이다.

용적률이란 대지 면적에 대한 건물 연면적의 비율을 의미하는데, 제1종 일반주거지역의 경우 용적률 100% 이상, 200% 이하의 지역으로 보통 4층 이하 주택에 한하여 건축이 가능하다. 제2종 일반주거지역의 경우 용적률 150% 이상, 250% 이하 지역으로 층수 제한은 18층으로 비교적 높은 편이므로 고층 아파트 건축이 가능하다. 제3종 일반주거지역의 경우 용적률 200% 이상, 300% 이하로 층수 제한이 없어 재건축, 재개발 시 고수익을 거둘 수 있으므로 선호도가 높은 지역이다.

당연히 임대수익률도 중요하게 신경 쓸 부분 중의 하나다. 수요가 풍부하여 주변 임대료가 상승하는 지역을 선택해야 하는데 필자는 요즘 연신내역 주변 다가구 주택에 주목하고 있다. 연신내역은 GTX-A 노선으로 확정되어 현재 역사 공사가 진행 중으로 지금은 연신내역에서 삼성역까지 50분 이상이 소요되지만

GTX-A 노선이 개통되면 연신내역에서 서울역을 거쳐 삼성역까지 15분 안에 도달할 수 있다. 그렇게 되면 연신내 주변에 주거 니즈가 늘어나는 것은 불을 보듯 뻔한 일이다. 연신내역 주변에는 지어진 지 20년 전후의 다가구 주택이 유독 많다. 서울 서북쪽에 위치하여 시내 접근성이 떨어지다 보니 상대적으로 저평가된 곳이다. 전세를 끼고 다가구 주택을 구입한 후 자금이 준비되는 대로 월세로 전환하면 주거와 동시에 월수입이 해결되는 일거양득의 효과를 볼 수 있을 것이다.

나이 들면 단독주택에 살고 싶다고?

아파트 가격이 고공행진 중이지만, 단독주택을 선호하는 사람들도 많다. 마당에 텃밭이 있고 층간소음에서 해방될 수 있기 때문이다. 그래서 현재 살고 있는 아파트를 팔거나 은퇴 자금을 모아 단독주택을 알아보는 중장년층이 꽤 있다. 그런데 막상 단독주택을 둘러보다가 연식이 오래된 낡은 집들을 보고 실망하는 경우가 많은데 사실 낡은 단독주택도 나쁘지 않다. 리모델링으로 집의 가치를 올릴 수 있기 때문이다. 리모델링을 통해 사는 동안 쾌적한 환경을 누리고 혹시 집을 팔더라도 시세보다 높은 가격을 받을 수 있다.

리모델링 전에는 반드시 체크해야 할 포인트가 있는데, 공간을 효율적으로 분리하고 구조를 변경하여 공간을 확장해야 한다. 사업성 분석과 예산을 명확히 하여 신축보다 낮은 비용인지, 공사비가 얼마나 드는지 잘 체크하고 공사비(보통 공사 내역보다 2~30% 정도 더 지출됨) 지출 후 건물 가치가 올라갈 가능성이 높지 않다면 리모델링을 재고할 필요가 있다. 신뢰할 수 있는 업체를 선정하는 것도 중요한데 신규 공사에 비해 리모델링의 경우 마무리가 더 중요하다. 주변의 오래되고 신뢰할 만한 부동산에 물어보면 업력이 오래되고 믿을 만한 인테리어 업자를 소개받을 수 있는데, 주변에 위치한 인테리어 사무실은 동네 장사라서 인심을 잃지 않기 위해서라도 공사비를 부풀리거나 공사 기간을 지연시키는 등의 문제 발생 가능성이 낮고, 하자 발생 시에도 빠른 수리가 가능하다는 장점이 있다.

리모델링은 보통 부엌의 조리 공간이나 수납공간 부족 등 주택에서 실제 거주하는 사람의 입장에서 불편한 점을 해소하려고 진행하는 경우가 많은데, 적어도 5년, 10년 혹은 그 이상까지 내다보고 계획을 세우는 것이 중요하다. 무엇보다 건물의 안전에 무리가 없는지 체크해야 하는데 공인된 업체에 건물 안전 진단을 받는다면 확실하다.

보수해야 할 부분이 어딘지, 어떤 부분을 어떻게 고치고 싶은지 항목별로 정리하여 전문가와 상담하도록 하자. 특히 이웃과 잘 지내는 것이 중요한 단독주택은 아무리 사소한 공사라도 소음과 먼지가 발생하고 차량 출입이 늘어 이웃에 폐를 끼치게 되므로 민원 없이 공사를 진행시키기 위해 사전에 이웃을 방문하여 양해를 얻는 일 또한 잊지 말자.

Chapter 3

은퇴 후를 지켜주는
보호막,
3층 연금 쌓기

·1·

국민연금
밀당의 법칙

60세에 퇴직해서 90세까지 산다고 치면 30년이라는 시간을 근로소득 없이 지내야 한다. 생각보다 엄청나게 긴 시간이다. 국민연금연구원에 따르면 우리나라 중고령자들은 매달 적정 노후 생활비로 부부 기준 평균 268만 원, 개인 기준 평균 165만 원이 필요하다고 생각하는 것으로 나타났다. 적정 노후 생활비를 기준으로 은퇴 후 필요한 노후 자금을 계산하면, 은퇴 후 20년을 산다고 가정할 때 대략 6억 4,000만 원, 30년을 산다고 가정할 때 9억 6,000만 원의 노후 자금이 필요하다.

은퇴 후 30년을 돈 걱정 없이 지내기 위해 위에서 소개한 다양한 돈 굴리는 방법들을 차근차근 시도해 보자. 위험한 모험은 줄이고 안전하게 투자하다 보면 짧지 않은 시간 안에 썩 괜찮은 수익을 얻고 꽤 안정적인 노후를 보낼 수 있을 것이다.

그럼에도 투자는 위험하다고 생각하는 사람들에게는 노후의 막강한 보호막인 '3층 연금' 즉, 국민연금을 가장 아래에 두고, 퇴직연금이 2층, 개인연금이 3층에 있다. 많은 사람들이 국민연금에 대해서는 대충 알고 있다. 월급 명세서에 꼬박꼬박 나가는 돈이 보이기 때문이다. 하지만 2층 퇴직연금부터는 퇴직할 때 받는 퇴직금 정도로만 아는 사람이 대부분이다. 3층 연금, 50대가 마지막 기회다. 이 시기를 놓치면 절대로 안 된다.

국민연금은 은퇴 자금의 기초이지만 생활비로 쓰기에는 부족하므로 직장인들의 경우 퇴직연금으로 벌충하고, 부족한 부분은 개인연금으로 충당토록 하는데, 50대는 은퇴를 앞둔 나이다 보니 현재 생활 자금 대비 은퇴 후 생활비를 제대로 계산해 보고, 국민연금과 퇴직연금으로 부족한 부분은 개인연금을 활용해야 한다. 지금부터 이러한 연금들을 효율적으로 활용하는 방법에 대해 알아보자.

해지? 연체? 절대 No!

'국민연금 얼마나 받을 수 있을까?' 이 질문에 바로 답하지 못 한 다면 노후에 관심이 없는 것이다. 국민연금공단 '내 연금(노후준비)'에 접속하면 손쉽게 나의 예상 연금액 조회가 가능하다. (국민 연금공단 사이트 접속 ▶ 내 연금(노후준비) ▶ 재무설계 ▶ 국민연금 알아보기 ▶ 공동인증서 로그인 ▶ 예상연금액조회 메뉴에서 나의 예상 연금 수령액 확인)

이런 생각이 들 수도 있다. 지금의 예상연금액이 나중에 받을 때면 가치가 떨어지지 않을까? 지금 열심히 보험료를 낸다 해도 나중에 물가가 오르면 그만큼 받을 수 있을까? 이런 걱정은 하지 말자. 국민연금에는 연금액의 실질 가치를 보장해 주는 두 가지 장치가 있다.

첫 번째 장치는 '소득재평가'로, 내가 받을 연금액은 나의 국민 연금 가입 기간과 가입 기간 중 평균 소득, 그리고 전체 가입자의 평균 소득을 기준으로 계산되는데, 가입 기간이 길수록, 가입 기간 중 평균 소득이 높을수록 나중에 받을 연금액이 많아지게 된다. 여기서 가입 기간 중 평균 소득은 추후 연금을 받는 시점의 가치, 즉 실질 가치로 재평가된다.

두 번째 장치는 매년 물가 변동률을 반영한다는 것이다. 국민 연금은 연금을 받는 중에도 매년 물가 상승률을 반영하여 연금액을 인상 지급한다. 따라서 매년 물가가 오르는 만큼 나의 연금액 역시 오르게 된다.

사실 국민연금을 꼬박꼬박 내는 것도 쉬운 일은 아니다. 휴직 기간도 있을 것이고, 잠깐 회사를 쉬어야 할 일도 생길 수 있다. 바로 이럴 때 '납부예외' 신청 제도를 이용할 수 있다. 직장에서 퇴직했어도 만 60세가 되지 않았다면 국민연금 지역가입자로 전환되고 보험료를 납부해야 하는데, 국민연금 보험료 납부에 부담을 느낄 경우 일정 기간 국민연금 보험료 납부 의무를 면제해 주는 제도이다.

단 납부예외 신청을 하면 추후 연금을 받을 때 예외 기간 동안의 기간은 차감이 된다. 배우자가 국민연금 가입자로 보험료를 납부하고 있으면, 무소득 배우자로 간주되어 지역가입자 대상에서 제외되고 보험료 납부를 안 해도 되는데, 지역가입자가 되었다 해도 소득이 없거나 휴직으로 50% 이상 소득이 감소했을 경우 '납부예외 신청'을 하면 소득이 없는 기간 동안 보험료를 내지 않아도 된다. 신청은 사유 발생일로부터 그다음 달 15일 이내에 해야 하고, 납부 예외 기간은 3년까지 설정 가능하며, 3년 후에도 60세가 되지 않았거나 소득이 없다면 기간 연장이 가능하다.

나중에 받을까? 앞당겨 받을까?

50대가 되면 슬슬 고민이 시작된다. 국민연금 제때 받을까, 아니면 당장 돈이 없으니 앞당겨 받을까? 연애에서 '밀당'이 중요하듯 국민연금 또한 상황에 따라 연금 수령 시기를 적절하게 선택하는 것이 중요하다. 연금 수령 개시 시점(나이)이 되어 기본적인 '노령연금'을 받을 수도 있지만 좀 더 당겨서 받는 '조기노령연금'이나, 나중에 받는 '노령연금 연기 제도'도 있으니 상황에 맞게 선택할 수 있다.

소득이 있으면 노령연금은 줄어든다. 노령연금은 소득이 있는 업무에 종사하는 경우 수급 개시 연령부터 5년 동안 기본연금은 소득 구간별로 감액하여 지급되며 부양가족연금은 지급되지 않는다. 소득이 있는 업무란 월평균 소득이 최근 3년간 국민연금 전체 가입자 평균소득 월액(A값: 2020년 기준 243만 8,679원)을 초과하는 경우를 말한다. 월평균 소득은 근로소득공제나 필요 경비를 제한 후 금액이기 때문에 근로소득만 있는 경우 근로소득 공제 전 급여가 연 4,060만 4,894원(월 338만 3,741원)을 초과해야 감액 대상이 되니 너무 걱정할 필요는 없다.

A값 초과 소득 월액	노령연금 지급 감액분	월 감액금액
100만 원 미만	초과 소득 월액분의 5%	0~5만 원
100만 원 이상 ~200만 원 미만	5만 원+(100만 원을 초과한 초과 소득 월액 10%)	5~15만 원
200만 원 이상 ~300만 원 미만	15만 원+(200만 원을 초과한 초과 소득 월액 15%)	15~30만 원

| 300만 원 이상
~400만 원 미만 | 30만 원+(300만 원을 초과한 초과
소득 월액 20%) | 30~50만 원 |
| 400만 원 이상 | 50만 원+(400만 원을 초과한 초과
소득 월액 20%) | 50만 원 이상 |

그동안 열심히 국민연금을 납입했는데 소득이 있다고 노령연금을 덜 받는다면 조금 억울하게 느껴질 수도 있다. 이런 경우 노령연금 연기 제도를 활용하면 좋다. 연금 수급 연령이 되었어도 계속 일을 하고 있어 현금 흐름이 안정적이고 경제적 여유가 있는 경우 당장 연금을 받지 않고 연금액을 좀 더 늘려 받고 싶은 이들을 위한 제도다.

노령연금 연기 제도는 노령연금 수급자가 희망하는 경우(1회한) 연금수급권을 취득한 이후부터 최대 5년 동안 연금 전부 또는 일부(50~90%)에 대해 지급 연기를 신청할 수 있다. 같은 연금액이라면 굳이 미루어 받을 이유가 없을 터, 지급 연기를 신청한 금액에 대해 연기된 매 1년당 7.2%(월 0.6%), 최대 36% 더 많은 연금액을 지급받을 수 있다.

연금 수령 연령	만 60~65세 미만	만 65세 이상
연기하지 않는 경우	100만 원	100만 원
50% 연기하는 경우	50만 원	109만 원
60% 연기하는 경우	40만 원	121만 6,000원

70% 연기하는 경우	30만 원	125만 2,000원
80% 연기하는 경우	20만 원	128만 8,000원
90% 연기하는 경우	10만 원	132만 4,000원
100% 연기하는 경우	0원	136만 원

노령연금의 수령 나이는 1961년~1964년생의 경우 만 63세, 1965~1968년생은 만 64세, 1969년생 이후는 만 65세이다. 그러나 법정 정년이 60세이다 보니 3~5년 정도 소득 공백기가 발생하여 은퇴 후 경제적 어려움에 처하는 사람들이 많아 나라에서는 이러한 문제점을 조금이나마 해소하기 위해 노령연금을 앞당겨 받을 수 있는 조기노령연금제도를 시행하고 있다.

조기노령연금은 가입 기간이 10년 이상이고 소득 있는 업무에 종사하지 않는 경우 노령연금 수급 개시 연령 이전(최대 5년)이라도 미리 당겨 받을 수 있는 연금이다. '빨리 받으면 무조건 좋지 않을까?'라고 생각할 수 있지만 받기 시작하는 연령에 따라 그만큼(연 6%, 1개월당 0.5%) 감액되어 지급한다. 소득 공백기에 대안이 없고 정말 어려운 경우에만 신청하는 비상용으로 생각하면 좋겠다.

기본 노령연금(65세 개시)을 연간 1,000만 원으로 가정하고 조기연금(60세)과 연기연금(70세)을 비교해 보자. 저성장 시대에 물가상승률은 높지 않은 편이므로 특별히 고려하지 않겠다. 먼저 조기연금과 노령연금을 비교해 보면 76세 기준으로 노령연금 누적 수령 금액이 더 많아진다. 수명이 늘어나는 추세를 감안했을 때 조기연금은 불리한 금액이 점점 커지므로 정말 급한 경우가 아니라면 선택하지 않는 것이 좋다.

다음으로 노령연금과 연기연금을 비교해 보면 83세 기준으로 연기연금 누적 수령 금액이 많아진다. 연기연금은 장수에 유리한 구조로 오래 살수록 이득이 더 커진다. 다만 소득이 많지 않음에도 무리해서 연기연금을 선택하기보다는 건강, 재무 상태 등을 잘 고려해서 선택하는 것이 바람직하다.

조기연금이나 연기연금으로 당겨 받거나 늦춰 받는 것을 이자 개념으로 생각하는 이가 많은데 정확히는 받게 되는 전체 연금 수령 기간의 증가 또는 감소에 따른 보상 개념으로 이해하는 것이 좋다. 평균수명보다 적게 산다면 조기연금이 유리하고, 장수를 한다면 연기연금이 유리한데 내가 얼마를 살지 어떻게 알겠는가. 따라서 연금액의 많고 적음을 따지기 전에 지금 노후 생활비가 부족해 연금이 필요한지 아니면 여유가 있어 당장은 필요가 없는지를 판단하고 그에 맞는 연금 수령 시기를 선택하도록 하자.

국민연금에도 세금이 붙는다는 사실을 알고 있는가? 2001년까지는 국민연금 보험료 납부 시 소득공제를 받지 않아 소득세를 낼 필요가 없었지만, 2002년부터는 소득공제를 받는 대신 연금을 수령할 때 소득세를 납부하는 방식으로 바뀌어 2002년부터 납부한 보험료에서 발생한 노령연금에 대해서는 세금을 내게 되었다.

> 과세표준 = 과세 대상 연금액 - 연금 소득공제 - 본인 인적공제
> 산출세액 = 과세표준 x 소득세율
> 납부할 세금 = 산출세액 - 표준세액 공제(7만 원)

노령 연금액	소득공제액
350만 원 이하	총 연금액
350만 원 초과 ~ 700만 원 이하	350만 원+(총 연금액-350만 원)x40%
700만 원 초과 ~ 1,400만 원 이하	490만 원+(총 연금액-700만 원)x40%
1,400만 원 초과	630만 원+(총 연금액-1,400만 원)x40%

노령연금을 770만 원, 1,200만 원, 2,000만 원 받을 때 각각 소득세를 얼마나 내는지 살펴보자. 연금액이 연 770만 원 초과 시에만 소득세가 발생하므로 그보다 적게 받는 경우에는 신경 쓰지 않아도 된다.

노령 연금	770만 원	1,200만 원	2,000만 원
연금소득공제	504만 원	590만 원	690만 원
본인 인적공제	150만 원	150만 원	150만 원
과세표준	116만 원	460만 원	1,160만 원

소득세율	6%	6%	6%
산출세액	6만 9,600원	27만 6,000원	69만 6,000원
표준세액 공제	7만 원	7만 원	7만 원
납부할 세금	0원	20만 6,000원	62만 6,000원

※ 과세표준 1,200만 원 이하는 소득세율 6%(부양가족, 다른 소득이 없는 경우).

노령연금 1,200만 원을 받는 경우는 세금이 20만 6,000원, 2,000만 원을 받는 경우는 62만 6,000원을 부담하게 되는데, 2001년 이전에 적립된 보험료에서 나오는 노령연금은 비과세되고, 2002년 이후 적립된 보험료에서 발생한 부분만을 의미하므로, 실제 지급받는 노령연금은 이보다 많다.

·2·

퇴직연금, 과연
알아서 굴려 줄까?

돈 굴리기에 재주가 없는 50대 대부분은 퇴직연금이 DB형인지 DC형인지도 모르고 산다. 조금이라도 더 일찍 알았더라면 지금쯤 큰돈을 굴리고 있었겠지만, 지금이라도 늦지 않았다. 쉽게 말해 DB형은 회사가 나의 퇴직연금을 알아서 책임지는 방식이고, DC형은 내가 알아서 내 퇴직연금을 관리하는 것이다.

> **확정급여형(DB)**
>
> 기업이 매년 일정한 금액을 금융회사에 적립 및 운용하고, 근로자는 운용 결과에 상관없이 사전에 확정된 금액을 지급받는 형태를 말한다. 즉, 근로자는 퇴직연금 운용 결과와 상관없이 정해진 금액을 받기 때문에 리스크가 없지만, 기업은 일정한 리스크를 가져가는 대신 퇴직급여 운용 수익이 발생하면 그 부분을 가져간다.

> **확정급여형 계산 방법**
>
> 퇴직 시 30일분 평균 임금 x 근속 연수
>
> 퇴직 시 평균 임금 : 계속 근로 기간 1년에 대하여 30일분의 평균 임금
>
> 예) 평균 임금 300만 원인 근로자가 5년간 근속 시 확정급여형 퇴직연금은?
>
> 평균 임금 300만 원 * 근속 연수 5년 = 1,500만 원
>
> **확정기여형 퇴직연금제도(DC)**
>
> 근로자가 퇴직 후 받을 퇴직 급여가 확정되어 있는 않은 형태로, 회사는 매년 임금 총액의 1/12에 해당하는 금액을 근로자의 개별 계좌에 정기적으로 납입한다. 근로자는 그 금액으로 직접 운용할 상품을 선택할 수 있고, 회사가 납입한 부담금과 운용 손익 최종 급여로 지급받게 된다. 즉, 적립금 운용에 따른 손실과 수익 모두 근로자가 책임진다.

운용방식 따라 수익률 달라지는 퇴직연금 (단위: %)

	2019년				2020년				2021년			
	DB	DC	개인 IRP	전체	DB	DC	개인 IRP	전체	DB	DC	개인 IRP	전체
원리금 보장형	1.74	1.94	1.52	1.77	1.74	1.69	1.27	1.68	1.45	1.28	0.97	1.35
실적 배당형	3.88	7.63	7.51	6.38	4.89	13.24	11.95	10.67	2.85	7.34	7.32	6.42

*연말 기준   자료: 김병욱 더불어민주당 의원

원리금보장형 퇴직연금 수익률이 초저금리 영향으로 1%대를 낸 반면, 주식형 펀드 등에 투자할 수 있는 실적배당형 연금의 수익률은 2020년부터 사상 처음 연 10%를 넘어섰다. 2021년 말 기준 퇴직연금 적립금은 약 295조억 원으로 전년 대비 40조 원이 증가했다. 지난해 전체 퇴직연금 수익률은 전년 2.58%에서 2.0%로 떨어졌다. 10명 중 8명이 가입한 원리금보장형 퇴직연

금 수익률은 전년 1.68%에서 1.35%로 낮아졌는데, 이는 제로(0)
금리 여파 때문이란 분석이다. 퇴직연금을 주식 등에 투자하는
실적배당형의 수익률은 2020년 처음으로 연 10%를 넘어서며
10.67%를 기록했으나, 2021년 6.42%로 하락했다.

10명 중 3명 운용 방식도 모른다

직장인 조 모 씨는 지난달 퇴직연금을 맡긴 은행에서 문자메시지
하나를 받았다. '포괄운용지시'에 따라 연 0.97% 정기예금에 36
만 원을 투자하겠다는 내용이었다. 몇 년째 비슷한 메시지가 계
속 왔지만 신경 쓰지 않았다. '알아서 굴려 주겠지'라고 생각했던
것이다. 하지만 최근 친구들과 만난 자리에서 자신과 친구들의
퇴직연금 수익률 격차가 엄청나게 벌어져 있다는 사실을 알고 충
격을 받았다. 물가 상승률에도 못 미치는 1% 미만의 이자를 주는
상품에 투자하겠다는 은행의 메시지를 흘려들은 자신의 잘못이
었다.

　전체 퇴직연금 255조 원 가운데 1%대 수익률에 머무르는 원
리금보장형은 228조 원에 달한다. 무관심 속에 방치된 퇴직연금
이 전체의 90%나 되는 셈이다. 특히 주가가 급등한 작년을 보면
이런 퇴직연금 운용이 어떤 문제를 일으키는지 알 수 있다. 지난

해 퇴직연금 평균 수익률은 2.58%다. 실적배당형은 10.67%였지만, 원리금보장형은 1.35%에 그쳤다. 전체로 해도 국민연금공단이 발표한 지난해 국민연금 잠정 수익률(10.77%)보다 4%포인트나 낮다. 국민연금과 함께 직장인의 노후를 책임지는 퇴직연금에 대한 인식의 변화가 시급하다는 지적이 나오는 이유다.

전문가들은 퇴직연금이 저조한 수익을 내는 근본적 원인으로 '무관심'을 꼽고 있다. 주식 등 손실이 날 수 있는 자산에 투자하는 실적배당형 상품은 지난해 수익률이 전년보다 4%포인트 떨어졌다. 적극적으로 연금을 관리했다면 6.42%의 수익을 볼 수 있었지만 대부분의 투자자들은 여전히 원리금보장형에 자금을 묶어 두고 있다. 실적배당형 상품 규모는 전체 퇴직연금의 13.60%에 불과한데 주식 시장에서는 직접 투자 열풍이 불었지만 실적배당형 퇴직연금 가입자는 2020년(10.70%)보다 소폭 증가한 수준에 머물러 있다. 금융투자협회가 2018년 시행한 '퇴직연금 가입자 운용 실태 조사'에 따르면 가입자 10명 중 3명은 자신의 퇴직연금이 어떤 형태로 운용되는지조차 모른다고 답했다.

반면 발 빠른 투자자들은 작년부터 본격적으로 연금계좌를 이동하기 시작했다. 실적배당형 상품에 투자하기 위해 은행과 보험에 가입한 연금계좌를 증권사로 옮긴 것이다. 은행 계좌를 통해서도 실적배당형 상품에 가입할 수 있지만 상장지수펀드(ETF) 등 더 다양한 투자 상품을 이용하려면 증권사 계좌가 필요하다. 작년 1~2월 은행과 보험사에 있던 연금계좌 중 총 5,000억 원 규모가 증권사로 넘어왔다. 전년 대비 세 배나 폭증한 수치다. 한 증권사 연금마케팅 담당자는 "지난해 주식 투자에 대한 관심이 크게 증가하면서 동원할 수 있는 목돈인 퇴직연금을 ETF 투자 등에 활용하려는 투자자가 늘고 있다"고 전한다.

물론 원금 손실 가능성은 있다. 실제 2016년(-0.13%)과 2018년(-3.82%) 당시 실적배당형 상품의 수익률은 마이너스였다. 이를 피하기 위해 '타깃데이트펀드(TDF)'를 찾는 투자자가 늘기 시작했는데 TDF는 자산운용사가 가입자의 은퇴 연도에 맞춰 자산 비중과 전략을 조정해 주는 상품이다. 2045년 은퇴 예정자가 지금 '2045년형 TDF'에 가입하면 주식 등 위험 자산 비중을 높게 가져가다가 은퇴 연도가 가까워질수록 주식 비중을 줄이고 채권 등 안전 자산 비중을 높이는 식이다. 7월 8일 펀드평가사 에프앤가이드에 따르면 국내 TDF의 설정액은 9조 6,700억 원을 기록했다. 지난해 말 대비 1조 원이 더 늘었고, 지난해의 경우 전년 대비 3조 6,000억 원 늘어 가파른 성장세를 보이고 있다.

"내년엔 주식 시장이 어떻게 될지 모르니까 안전한 예금 비중을 늘리려고 찾아보다가 시중 은행보다 높은 이자를 주는 저축은행 상품을 택하게 됐다." 대기업에 근무하는 이 부장의 말이다. 현명한 직장인들이 퇴직연금에 관심을 갖기 시작했고, 높지 않은 퇴직연금 수익률을 인지하여 1금융권보다 이자를 많이 주는 2금융권에 눈을 돌리고 있는 상황이다. 실제 금융당국에서도 물가 상승률에도 미치지 못하는 퇴직연금의 쥐꼬리 수익률을 끌어올리기 위해 제2금융권인 저축은행 예적금도 퇴직연금에 담을 수 있도록 규정을 변경했다.

퇴직연금 시장 진출 2년 만에 저축은행 업계는 10조 원 이상의 퇴직연금을 유치하며 빠르게 성장하고 있다. 저축은행 역시 예금자보호제도가 반영되어 안전하게 적립금을 지킬 수 있지만 저축은행중앙회 사이트를 통해 BIS기준 자기자본 비율(높을수록 좋음)과 고정이하여신비율(낮을수록 좋음)을 살펴본 뒤 가입하면 더욱 안전하게 자산을 관리할 수 있다.

대세는 TDF, 모르면 손해

TDF 유형별-운용사별 1년 수익률 비교

자산운용사	TDF 유형별 1년 수익률(%)				
	TDF2025	TDF2030	TDF2035	TDF2040	TDF2045
KB자산	17.80	22.74	28.38	33.52	33.52
NH자산	13.35	15.88	18.65	20.86	22.47
교보자산	9.14	14.47	19.53	22.94	24.50
미래자산(자산배분)	15.75	21.96	26.59	29.88	31.33
미래자산(전략배분)	17.26	21.32	26.52	29.23	30.17
삼성자산(주식혼합)	13.82	18.40	22.57	26.43	27.96

삼성자산(파생론합)	-	19.02	22.35	24.61	25.85
신한자산	10.36	15.37	22.65	23.77	23.97
키움자산	21.38	26.97	30.72	31.70	31.71
하나자산	14.81	19.48	22.91	27.38	29.91
한국투신운용	20.72	25.47	28.65	31.80	31.80
한화자산	20.02	24.41	27.78	29.94	30.52
평균	15.85	20.45	24.77	27.67	28.64

(자료:에프앤가이드/ 기준일:2021-06-30/ *가나다 순, 각 유형 중 1년 이상 운용한 상품 대상임)

  퇴직연금 운용 상품으로 각광받는 타깃데이트펀드(Target Date Fund, 이하 TDF)가 지속형 상품으로서 높은 신뢰를 얻고 있다. 특히 은행 DC형 퇴직연금 수익률 대비 5배 이상 격차를 보이며 노후 보장을 위한 자산 증식에 유리하다는 평가다. TDF2025는 1년 평균수익률이 15.85%를 기록했을 정도로 높은 수익률을 자랑한다. 50대가 된 지금이라도 퇴직연금을 굴려야 하는 이유다.

  지난 2020년 말 기준 퇴직연금 전체 수익률을 살펴보면 DB형 수익률은 1.91%, DC형은 3.47%, IRP(개인형 퇴직연금)는 3.84%로, 퇴직연금 평균수익률 2.58%를 나타냈다. 세금과 물가상승률 등을 고려하면 실질 수익률은 사실상 마이너스에 가깝다. 이러한 수익률은 더 떨어져 작년 말에는 DB형 1.52%, DC형 2.49%, IRP 3.00% 등 퇴직연금 전체 평균 2.00%를 기록해 전년 대비 0.58%p 하락한 수준을 나타냈다. 이처럼 퇴직연금 운용 수익률이 저조한 것은 퇴직연금 구성이 원리금보장형 위주로 편성돼 저금리 기조의 투자 환경에서 높은 수익률을 올릴 수 없는 구조를 갖고 있기 때문이다. 최근 퇴직연금 가입자들은 원리금보장형에서 실적배당형 상품인 DC형과 IRP형으로 옮겨 가다가, 개인자산 운용의 한계를 느끼면서 최근 TDF로 이동하는 추세다. 과거에는 안정적인 운용을 기대했지만 자산 시장 급성장으로 이제는 수익률에 초점을 맞추게 된 것이다.

TDF와 DC형 퇴직연금은 같은 목적의 투자 상품임에도 불구하고 큰 수익률 격차가 발생하는데, 이는 각 상품이 보유한 고유의 포트폴리오와 변동성에 대응할 수 있는 운용 전략 등에 차이가 있기 때문으로 풀이된다. 근로자의 은퇴 후 생활을 안정적으로 영위하기 위한 퇴직연금 운용 상품은 안정적인 자산 배분에 의한 포트폴리오와 투자 위험을 최소화한 운용 전략을 가진 투자 상품으로 선정하는 것이 매우 중요하다. TDF는 주식, 채권, 부동산, 인프라, 원자재 등 다양한 자산에 분산 투자되며, 생애 주기별 운용 전략(Glide-path) 모델에서는 은퇴 시점이 멀수록 위험 자산에 높은 투자를, 은퇴 시점이 가까울수록 안전 자산에 높게 투자하여 수익 추구와 안정성을 동시에 고려하며 운용하므로 노후 자산 운용 상품으로 적합하다.

50대는 성장 자산 투자를 위해 변동성이 높은 시장에서 주식에만 투자하기보다 채권, 원자재, 부동산, 인프라 등 서로 상관관계가 낮은 다양한 자산에 분배해 투자하는 것이 효과적이다. 좋은 상품을 고르기가 까다롭다고? 상품명만 꼼꼼히 들여다보면 답이 나온다.

　TDF2030, TDF2025 등 TDF 뒤에 숫자가 붙는데, 이는 가입자의 은퇴 시점을 뜻한다. 즉 TDF2030이라는 것은 2030년이 은퇴 시점이므로 지금부터 9년간 퇴직연금을 굴린다는 뜻이다. 은퇴 시점이 짧다는 것은 그만큼 운용 기간이 짧으므로 주식보다는 채권, 부동산, 인프라 등 안정성을 중시하는 쪽으로 운용이 되고, 기대수익률이나 위험도도 은퇴 시점이 긴 것보다는 적다고 볼 수 있다. 50대의 경우 조만간 은퇴 시기가 도래하므로 TDF2025나 TDF2030 정도의 상품을 선택하면 좋을 것이다.

·3·

개인연금, 장수 리스크에 대비하라

보통 50대에게 개인연금을 추천하면 너무 늦지 않았느냐는 답이 돌아온다. 절대 늦지 않았다. 지금이라도 드는 게 이득이다. 국민연금은 최소한의 생활을 보장하지만 여유 있는 노후 생활을 하는 데는 그것만으로는 부족하다. 개인연금을 통해 소득 없이 오래 사는 노후 위험을 예방할 수 있으며, 경제적 위험 보장과 종신까지 지급이 가능하므로 100세 시대 장수 리스크에 훌륭히 대비할 수 있다.

가장 안정적인 비과세 연금보험

연금보험 상품에는 크게 일반연금보험과 연금저축보험이 있다. 일반연금보험은 연금을 수령할 무렵에 15.4%의 금융 상품 이자 소득에 대해 비과세 혜택을 주는 상품이며, 연금저축보험은 연간 400만 원까지 소득공제를 받을 수 있는 상품으로 예금자보호법 대상이다. 소득공제가 필요 없고 목돈이 있을 경우 일반연금보험이, 급여생활자나 소득이 많은 경우는 소득공제 혜택이 있는 연금저축보험이 유리하다.

연금보험은 확정형, 종신형, 상속형으로 나뉘는데, 확정형은 일정 기간을 미리 지정하고 그 기간 동안 연금을 받는 방식으로 기간 내에 가입자가 사망 시 상속인이 연금 수령을 할 수 있는 상품이다. 종신보험에 비해 회당 수령액이 넉넉하고 기간 설정이 유동적이지만 해당 기간에만 연금이 지급되므로 지급 기간을 넘어 장수할 경우 연금 지급을 못 받는 단점이 있다.

종신형의 경우 가입자 사망 전까지 평생 연금을 받을 수 있어 안정적인 노후에 기여하지만 확정형보다 회당 연금액이 적을 수 있다. 상속형은 목돈을 납입하고 매월 이자만 받다가 일정 기간 후 원금을 받는 상품으로 매월 받는 연금이 가장 적다. 요즘은 수명이 계속 늘어나는 추세이므로 장수 리스크를 방지하는 차원에서 종신형을 추천하는 편이다. 보험사별 공시율과 최저보증이율,

재무 건전성 등을 철저히 비교 검토한 후 가입토록 하자.

공시이율이란 시중 금리와 보험사의 자체 운용 수익률을 고려해 최종 결정되는 이율을 말하는데, 보험사의 자산 운용 능력에 따라 달라지므로 연금저축보험도 상품마다 다른 공시이율이 적용된다. 공시이율은 매월 변동되기 때문에 경기 불황이나 보험사의 운용 실적에 따라 보험금 수령 시점에 가입 시점보다 낮은 이율로 보험금을 수령할 수도 있다. 최저보증이율은 가입 시점과 보험금 수령 시점의 차이가 발생하므로 반드시 확인해야 한다.

최저보증이율은 보험사의 운용 실적과 무관하게 일정 수준 이상의 보험금을 보장하는 기준으로 가입 전 최저보증이율을 확인해야 보다 안전하게 연금 자산을 관리할 수 있다. 연금은 노후에 수령하는 상품이기 때문에 안전하고 인지도가 높은 보험사를 선택하는 것이 좋으며 다양한 측면에서 믿을 수 있는 곳을 선택하는 것이 좋다.

연금저축보험은 가입 후 5년 이내 해지할 경우 그동안 공제받은 보험료 총액에 기타 소득세가 부과된다. 납입 원금보다 해지 환급금이 적더라도 기타 소득세가 부과될 수 있으므로 가입 기간이 짧을수록 손해가 커진다. 반면 일반적인 연금보험은 정해진 이율에 따라 이자를 받으며 낮은 이율이어도 확정 이율이기 때문에 원금 손실에 대한 걱정이 없다. 연금보험 앞에 '변액'이라는 단어가 붙으면 정해진 이율이 아닌 실적배당 상품으로 내가 내는 보험료가 금융 상품에 투자되어 수익을 얻기도 하고, 손해를 보기도 하는 것이다. 그러므로 주식시장이 올라갈 때 잘만 투자하면 높은 수익을 얻을 수도 있지만, 손해를 볼 수도 있다.

변액연금의 장점은 먼저 비과세에 있다. 10년 이상 납입 시 비과세 자격을 얻는데 50대에 10년 이상 납입하라고 하면 겁부터 내는 경우가 많다. 그러나 조금이라도 소득이 있을 때 10년을 아껴 살고, 아예 소득이 없는 10년 후에 혜택을 얻는 게 중요하다. 또한 강제적인 장기 투자가 가능하다는 장점이 있다.

장기 투자를 하면 시장 위험을 최소화할 수 있기 때문에 손실을 볼 확률이 줄어든다. 보험의 경우 강제적인 장기 투자가 가능하므로 시장 위험을 최소화함과 동시에 손실 위험을 줄이고, 수익을 높일 수 있다. 그러므로 내가 투자한 상품들에 대한 꾸준한 관심이 필요하며 필요 시 투자 상품 변경을 요청하여야 한다. 변액연금은 펀드 운용 실적 및 운용 능력에 따라 수익률에 많은 차이가 있으므로 운용 능력이 우수한 운용사를 선택해야 하는데, 운용사의 능력을 판단하는 기준은 과거 운용 실적, 펀드 규모, 리스크 관리 측면, 전문 운용 인력의 경력 및 실적 등 공시되는 자료들을 잘 참고하여 신중하게 선택하도록 하자. 최저연금 적립금 보장이 가능한 변액연금은 연금 개시 시점에 주계약 보험료의 100% 이상을 적립액으로 쌓아서 내가 낸 보험료만큼은 보장받을 수 있다는 장점도 있다.

물론 단점도 있다. 보험료를 납입하면 그 돈 전체가 온전히 투자되는 것이 아니라 일부 사업비가 차감되고, 나머지 돈이 투자되므로 사업비를 최대한 줄이는 것이 중요하다. 사업비를 줄이는 방법은 바로 '추가 납입'을 이용하는 것인데, 추가 납입이란 월 보험료의 2배까지 추가로 납입할 수 있는 기능으로 추가 납입 분에 대해서는 사업비를 거의 떼지 않기 때문에 사업비로 나가는 금액을 최소화할 수 있다. 만약 한 달에 60만 원을 낼 수 있다면 월 보험료를 20만 원으로 책정하고 추가 납입으로 40만 원을 내면 된다.

안정적인 월소득을 위한 바로 받는 연금도 있다. 바로 받는 연금보험은 가입 후 다음 달부터 연금이 지급되는데, 즉시형(가입 후 다음 달부터 연금 수령)과 거치형(일정 기간 거치 후 연금 수령)으로 가입할 수 있으며, 최저 가입 금액은 1,000만 원 이상이다. 연금 지급 방법(종신형, 상속형, 확정형)도 노후 목적에 따라 선택할 수 있다. 아래는 55세 남자가 1억 원을 즉시형으로 예치했을 경우 매월 받게 되는 연금액으로, K생명보험의 사례를 든 것이다.

구분	종류	최저보증이율 적용 시	현재 이율(2.27%) 적용 시
종신형	30년 보증	264,553원	315,234원
상속형	상속 10년형	76,648원	158,550원
확정형	확정 20년형	452,194원	497,195원

국가가 보증하는 연금, 주택연금을 활용하라

주택연금은 주택을 소유하고 있지만 소득이 부족한 경우 평생 또는 일정 기간 동안 안정적인 수입을 얻을 수 있도록 집을 담보로 맡기고 자기 집에 살면서 매달 국가가 보증하는 연금을 받는 제도로, 매년 1만 가구 이상이 새로 가입하는 등 집이 있는 노년층의 은퇴 후 소득 대안으로 자리 잡고 있다.

연령, 주택 유형, 주택 가격 요건을 충족하면 누구나 가입이 가능한데, 부부 중 적어도 1명이 만 55세 이상, 주택 유형은 아파트·연립·다가구·단독 등 주택이거나 노인복지주택 또는 주거용 오피스텔이면 가능하다. 오피스텔의 경우에는 주민등록이 되어 있고, 부엌 등 주거 시설을 갖춘 실제 거주지여야 한다. 주택 가격은 공시가 9억 원 이하면 가능한데, 다주택자라도 공시가 등의 합산 가격이 9억 원 이하라면 가능하고, 9억 원 초과 2주택자는 3년 이내 1주택을 팔면 가능하다.

주택연금은 가입자의 나이가 많을수록, 주택 가격이 높을수록 매월 수령하는 연금액이 더 많아진다. 예컨대 3억 원짜리 아파트로 종신 지급 방식(정액형)을 선택하면 60세에 가입한 사람은 매달 64만 원, 70세 가입자는 93만 원, 80세는 144만 원을 부부 모두 세상을 뜰 때까지 지급한다. 우리나라 직장인의 평균 은퇴 연령(53세), 고령화 속도 및 공적연금의 역할이 충분하지 않은 상황

등을 고려할 때 주택연금은 연금 형태의 현금 소득 창출로 고령 사회의 구조적 소비 부진을 타개할 대표적인 경제 활성화 정책이라고 할 수 있다.

주택연금에 대한 오해도 있다. 주택연금 가입보다 주택을 매도하거나 월세로 전환하여 발생한 자금으로 생활하는 것이 더 효과적이라는 주장인데, 주택을 매도할 경우 목돈을 투자할 수 있는 기회가 생기지만 낮은 예금 금리와 불안정한 주식시장에서 마땅한 투자처를 찾기란 쉽지 않은 일이고, 월세 전환 시 월세 상승의 위험 또한 도사리고 있으므로 확실한 투자가 담보되지 않는 이상 지금 살고 있는 집을 팔거나 월세로 전환하여 다른 곳에 투자하는 일에는 언제나 보이지 않는 리스크가 존재한다고 볼 수 있다. 아래 표를 보면 조금 더 쉽게 이해할 수 있다.

구분	주택연금	전세 + 즉시연금	월세 + 즉시연금	소형주택 이사 + 즉시연금
이용조건	기존 주택 소유 및 활용	주택 처분 후 전세 입주 (보증금 2.9억)	주택 처분 후 전세 입주 (보증금 0.5억)	주택 처분 후 소형주택 (17평) 구입(2.6억)
노후자금 마련방법	주택연금 수령	즉시연금 가입 (2.1억)	즉시연금 가입 (4.5억)	즉시연금 가입 (2.4억)
월수령액	154만 원	60만 원	39만 원 (월세차감 후)	69만 원
주거문제	평생 거주 (28평)	주거 불안(이사) 전세보증금 인상	주거 불안(이사) 월세 인상	주거 여건 악화

구분	주택연금	전세 + 즉시연금	월세 + 즉시연금	소형주택 이사 + 즉시연금
비용발생	저당권 설정 비용 (세금 감면)	이사 비용 중개수수료	이사 비용 월세 90만 원	이사 비용 중개수수료 취·등록세

*예시: 70세, 주택 가격 5억 원(아파트 28평)

　월지급금 지급 방식은 종신지급, 확정기간, 대출상환 등 세 가지 방식이 있다. 종신지급 방식은 월지급금을 종신토록 지급받는 방식으로, 종신지급 방식과 인출 한도를 설정하고 나머지 금액을 종신토록 지급받는 종신혼합 방식이 있다. 확정기간 방식은 고객이 선택한 일정 기간 동안만 월지급금을 지급받는 방식, 대출상환 방식은 주택담보대출 상환용으로 인출 한도 범위 안에서 일시에 찾아 쓰고, 나머지를 월 지급금으로 종신토록 지급받는 방식이다.

연령	주택 가격											
	1억 원	2억 원	3억 원	4억 원	5억 원	6억 원	7억 원	8억 원	9억 원	10억 원	11억 원	12억 원
50세	123	246	370	493	616	740	863	986	1,110	1,233	1,356	1,480
55세	161	322	483	644	805	967	1,128	1,289	1,450	1,611	1,773	1,934
60세	213	427	641	855	1,069	1,283	1,496	1,710	1,924	2,138	2,352	2,504
65세	255	510	765	1,020	1,276	1,531	1,786	2,041	2,296	2,552	2,609	2,609
70세	308	617	926	1,234	1,543	1,852	2,160	2,469	2,756	2,756	2,756	2,756
75세	380	760	1,140	1,520	1,901	2,281	2,661	2,970	2,970	2,970	2,970	2,970

연령	주택가격											
	1억원	2억원	3억원	4억원	5억원	6억원	7억원	8억원	9억원	10억원	11억원	12억원
80세	480	960	1,440	1,920	2,400	2,881	3,302	3,302	3,302	3,302	3,302	3,302

*예시 : 70세(부부 중 연소자 기준), 3억 원 일반 주택 기준 매월 92만 6,000원 수령(종신지급 방식, 정액형)

　50대, 안전한 노후를 위한 집 한 채는 이렇듯 주택연금이라는 마지막 보루가 되어 당신을 지켜 줄 것이다. 50, 아직 이르다고 생각하는가? 자산 분배를 미리 계획하기에 딱 좋은 나이다. 50대에 투자를 할 때는 계란을 한 바구니에 담지 말고 안정성과 수익성을 모두 생각하며 분산투자를 해야 한다.

　50대는 특히나 생각지도 못한 목돈 지출이 많아지는 시기이다. 이때 가장 어리석은 행동이 바로 퇴직금 중 일부를 미리 당겨 쓰거나 노후를 위해 납입했던 개인연금 등을 해지 혹은 이를 담보로 대출을 받는 경우다. 당장은 숨통이 트일지 몰라도 길게 보면 큰 손해가 아닐 수 없다. 노후를 위해 목표했던 금액에 차질이 생김은 물론, 복리의 효과로 얻어지는 수익률까지 포기하는 것이다. 금융 자산의 비중을 50% 이하로 줄이고, 안정적인 투자로 돈을 불려나가는 동시에 연금으로 노후를 준비한다면 누구보다 행복하게 노후를 보낼 수 있을 것이다.

　사람에 따라 노후가 아직 멀었다고 생각할 수도, 금방이라고 생각할 수도 있다. 지금껏 돈을 잘 불려 왔고, 연금 준비도 잘해 온 사람이라면 노후에 대한 불안이 전혀 없을 것이다. 그러나 당신이 70세가 넘어서 한 달에 연금을 얼마나 받을 수 있을지 모르고 있다면 분명 문제가 있다. 조금이라도 노후가 불안하다는 생각이 든다면 연금 준비부터 당장 시작하는 것이 좋다.

어쩌면 50은 노후 준비를 위한 마지노선이다. 돈을 불려 가고 연금을 준비하는 것은 50에 시작해도 늦지 않지만, 더 늦게 된다면 걷잡을 수 없이 많은 문제가 발생할 것이다. 그럼에도 필자는 용기를 주고 싶다. 지금 시작해도 충분히 해낼 수 있다고.

50부터 절대 잃지 않는 돈 굴리기

초판 1쇄 발행 2022년 8월 8일

지은이 신동훈
펴낸이 정덕식, 김재현
펴낸곳 (주)센시오

출판등록 2009년 10월 14일 제300-2009-126호
주소 서울특별시 마포구 성암로 189, 1711호
전화 02-734-0981
팩스 02-333-0081
메일 sensio@sensiobook.com

편집 함소연
디자인 Design IF

ISBN 979-11-6657-075-9 (03320)

소중한 원고를 기다립니다. **sensio@sensiobook.com**